KB184708

노트북 한 대로 세계와 무역하다

쇼피파이, 이커머스 성공 치트키

캡스톤벤처스 지음

박영사

머리말

"국내 이커머스 시장, 이제 너무 경쟁이 치열한데 벗어날 순 없을까?"

"너도 나도 하는 이커머스 전략에서 벗어나는 방법은 무엇이 있을까?"

"컴퓨터와는 거리가 먼 나인데, 이커머스로 할 순 있을까?"

"이커머스 없이는 사업에 영향이 클텐데… 익숙하지 않은데 할 수 있을까?"

"글로벌 이커머스? 영어도, 해외 문화도 모르는데 할 수 있을까?"

"이커머스 사업을 하고는 있는데, 이게 맞는 걸까?"

"국내 이커머스 플랫폼들이 추락하고 있는데, 글로벌은 대안책이 될까?"

이렇게 수많은 고민들이 여러분들이 마주하는 현실일 것이라 생각합니다. 필자진은 이커머스, 그중에서도 주력인 글로벌 이커머스로 현재도 흥망성쇠를 반복하며 사업을 이어가고 있습니다. 물론 잘하고 있습니다. 경제적 안정화는 물론이고 이제는 공공기관, 각종 지자체, 대학교, 대기업에서도 필자진을 통한 성공 스토리가 계속해서 쏟아져 나오고 있습니다.

내 사업으로 시작했지만, 쏟아지는 성공 스토리를 곁에서 지켜보면서 한국인이라면 반드시 글로벌 이커머스를 시도해볼 것을 추천하기 위해 집필을 하게 되었습니다. 모두 아시다시피 예부터 한국은 자원 하나 없는 땅덩어리에서 오직 머리, 기술력으로 승부하여 지켜온 국가입니다. 너무 잘난 덕에, 해외로 뻗어나가야 한다는 생각이 잠시 사그라진 것은 아닌가 싶습니다.

본 책을 통해 여러분들에게 전달 드리고 싶은 메시지는 "월 천만 원", "자동화 수익"과 같은 달콤함이 아닙니다. '글로벌 이커머스'라는, 뭔가 엄청나 보이지만 사실은 국내 이커머스와 별반 다를 바 없는 기술과 전략을 알려드리기 위함입니다.

그 누구도! 이 책을 정독하시고는 갑자기 계획 없이 직장을 그만두거나, 무리하게 사업을 시작하거나 하는 행위는 삼가시기 바랍니다. 필자진은 그저 여러분이 충분한 열정을 가지고 게을러지고 싶은 퇴근 후 시간을 활용하여 충분히 시험해보고, 이를 수익화시키는 것을 추천합니다.

쇼피파이에 대해 많이 들어보셨을 것입니다. 쇼피파이는 웹사이트(다른 말로는 자사몰, 브랜드몰 등)를 구축해줄 수 있는 도구입니다. 현재는 이 도구 하나로 글로벌 이커머스에서 승자가 될 수 있는 전략들이 많이 있습니다. 그것들의 소개에 앞서, 책의 인트로 페이지로 가기 전에 다음의 내용을 반드시 기억하길 바랍니다.

- 귀찮음과의 싸움에서 이기셔야 합니다.
- 철저하고도 다각도로 검토하기 위해 집중하셔야 합니다.
- 브랜딩을 위한 아이디어를 끊임없이 생각하셔야 합니다.
- 바이럴 콘텐츠가 난무하는 SNS(특히 틱톡, 유튜브, 인스타그램)를 많이 보셔야 합니다.
- 시사, 국제 이슈, 최신 트렌드에 귀 기울이셔야 합니다.
- 디지털 콘텐츠와 친숙해지셔야 합니다(블로그, 카피라이팅, 이미지 편집, 촬영, 영상제작 등이 있습니다. 하지만 요즘엔 ChatGPT를 포함하여 우리의 작업을 편리하게 해줄 도구들이 너무나 많습니다).
- 마케팅 플랫폼들을 활용하고, 정복하셔야 합니다.
- 원가(제품 원가, 운·배송비 등)를 낮출 수 있는 방법을 모색해야 합니다.
- 돈을 소중하게 생각하셔야 합니다(대출 또는 지인에게 빌린 돈으로는 이 사업을 성공시킬 수 없습니다. 마케팅비가 부족하다면 월급의 일부를, 혹은 부업을 통해서라도 충당하세요. 쉽게 들어온 돈은 쉽게 나가기 마련입니다).

이러한 점을 기억한 채로, 여러분들에게 ❶ 시장·경쟁사 조사 능력, ❷ 제품 소싱 능력, ❸ 브랜드몰 구축, ❹ 마케팅 기초, ❺ 이 모든 프로세스의 자동화까지 알려드릴 예정이니 집중해주시기 바랍니다.

팀 캡스톤벤처스

도서 구입자 대상 특별부록

 설명을 더 자세히 듣고 싶어요.

도서에 다 담을 수 없는 내용은 TIP으로 구성했어요.
QR코드를 스캔하면 연결되는 유튜브 영상을 확인해보세요.

TIP

 제품 소싱을 위한 쇼피파이 앱

쇼피파이 계정을 무료로 만들어봐요.

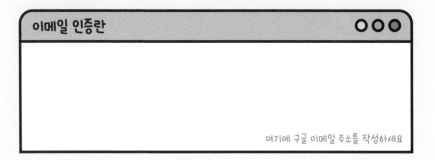

이메일 인증란

여기에 구글 이메일 주소를 작성하세요

① 위의 [이메일 인증란]에 구글 이메일 주소를 적어주세요.

② 이메일 주소를 적은 페이지를 사진 촬영한 후, 아래 QR코드를 스캔하고
   <쇼피파이 도서 구매 인증> 게시판에 업로드하여 인증해주세요.

③ 열흘 안에 쇼피파이 개발자 스토어 계정을 만들어드립니다.

목차

제0부 인트로	12
• 이커머스 열풍의 시작 - 너도 나도 이커머스	15
• 의미 있는 마음이 모여, 이커머스 교육의 시작	17
• Quality = pitfall	19
• 이커머스로 돈 벌 수 있나요?	23
• 글로벌 시장의 두 축, 아마존 그리고 쇼피파이	27
• 쇼피파이의 무한한 가능성 전파자	30
• 이제 쇼피파이를 시작할 시간	32
• 쇼피파이, 안 할 이유가 없다!	34

제1부 이커머스의 현황	38

1장 이커머스의 개념과 유형	40
• 국내 이커머스의 사업 방식	41
• 국내 이커머스 사업 방식의 명확한 한계	44
• 단순한 판매를 넘어 마케팅과 브랜딩의 영역으로	49

2장 결국 해답은	50
• 결국 해답은 글로벌 이커머스 그리고 브랜딩	51
• 지금 다시 비즈니스를 시작하라고 해도, 망설임 없이 또 글로벌 이커머스를 할 겁니다	57

· 대체 우린 왜 글로벌 이커머스, 쇼피파이에 매료되었을까?　　60

· 브랜딩 = 모든 것의 핵심　　65

제2부 **세상에서 가장 쉬운 나만의 브랜드 스토어 만들기**　　74

1장 시장 이해하기　　78

· 구글 검색엔진 결과 화면(SERP) 활용 단계별 시장조사&경쟁사 분석　　81

· 구글 트렌드 활용 시장조사　　86

2장 주요 타깃 고객층 설정　　94

· 왜 쇼피파이인가?　　97

· 쇼피파이의 쉬운 사용성과 확장성　　98

· 지속 가능한 비즈니스 구축　　100

3장 사업 아이디어 발견 및 제품 선택　　102

· 위닝 프로덕트(winning product) 소싱 전략　　104

· 위닝 프로덕트 아이디어 찾는 방법　　106

4장 브랜드 기획 및 디자인 – 로고 및 디자인, 테마 컬러 선택　　112

· 브랜드 가치와 미션　　115

· 사업, 스토어 이름　　116

- 로고   **118**
- 라이프스타일 및 제품 사진   **119**
- 스톡 사이트 추천   **120**

5장 웹사이트 구축 및 설정 Tutorial   124

- 쇼피파이 계정 가입 및 플랜 선택   **125**
- 제품 추가 및 컬렉션 설정   **130**
- 온라인 스토어를 위한 핵심 페이지 만들기   **149**
- 스토어 테마 선택 및 홈페이지 디자인(랜딩 페이지 구성)   **156**
- 블로그 설정   **182**
- 배송 설정   **185**
- 세금 설정   **192**
- 결제 게이트웨이 및 지급 설정   **194**
- 스토어 출시를 위한 준비 단계   **197**
- 스토어 마케팅   **202**

제3부 쇼피파이로 글로벌 이커머스 시작하기
(드롭쉬핑 실전 전략)   208

1장 드롭쉬핑, 비용을 줄이고 리스크를 최소화하라   210

2장 알리익스프레스로 쇼피파이 드롭쉬핑 스토어 시작하기   214

· 알리익스프레스(AliExpress)란?   **215**
· 알리익스프레스를 활용한 드롭쉬핑의 이점   **217**
· 쇼피파이를 활용한 알리익스프레스 드롭쉬핑몰 구축   **218**

3장 알리익스프레스에서 공급업체와
지속적인 관계 구축 – 브랜딩 강화   236

4장 드롭쉬핑 스토어 구축 시 필요한 도구   240

· 고객 데이터 활용   **241**
· 고객 지원 강화   **243**
· 다양한 마케팅 채널   **244**
· ChatGPT를 활용한 드롭쉬핑   **246**

5장 마케팅   250

· 메타 픽셀 설정 방법과 타깃팅 옵션   **252**
· 이커머스 마케팅 도구   **260**
· 필수 앱 소개 및 마케팅 전략   **263**

· **마치며**   **276**

인트로

이커머스(E-commerce),
정말 짜증나게 힘들지만
다시 태어나도 이 길을 걷겠다.

이커머스, 혹은 글로벌 이커머스의 개념을 잘못
이해하거나, 배운 내용을 답답하게 활용하시는
분들이 많습니다. 그런 분들에게 강력한 메시
지를 전달하고자 일부 반말로 작성되었습니다.
양해 부탁드립니다.

이커머스 열풍의 시작
- 너도 나도 이커머스

이커머스 어렵다. 하지만 막상 알고 나면 쉽다. 무슨 말인가 싶겠지. 결국은 무지함에서 오는 두려움과 외로움이 다투는 과정의 연속이다.

필자는 2010년부터 글로벌 이커머스를 해왔고, 조용히 버티고 버티다 보니 이제는 지식을 공유해도 되겠다는 일말의 자신감이 생겼다. 지금으로부터 약 15년 전, 이커머스는 생소한 단어였다. 전문가는 물론, 선배 역할을 해줄 수 있는 사람조차 없었다. 다들 머리 아프게 맨땅에 헤딩하고 있을 때 그나마 바다 건너온 그들의 '방법'을 먼저 듣고, 보고, 이를 다시 시행해보며, 실패에 실패를 거듭하고 나서야 비로소 깨달음을 얻게 되었다. 이제야 나와 같은 시행착오를 겪을 이들에게 조금 더 쉬운 길을 안내할 자격이 주어졌다.

코로나19, 그리고 포스트코로나에 접어들며 온라인 비즈니스는 이제 선택이 아닌 필수가 되었다. 그 활발하고 황홀하던 강남, 신사동 가로수길의 몰락을 보라. 한 칸 건너 즐비하게 붙은 '임대문의' 문구가 초라한 풍경을 더욱 을씨년스럽게 하고 있다. 몇 년간 공실을 유지하며 버티다 결국 극단적 선택을 한 일부 사업주들의 안타까운 소식들도 심심찮게 들려왔다. 어디 이 땅뿐일까? 세계적인 어린이 장난감 제국 '토이저러스'의 몰락은 더 충격적이다. 화무십일홍! 아무리 화려한 꽃도 10일을 넘기지 못한다는 옛 고사가 새삼 떠오른다.

온라인의 무서운 물결이 이 땅을 덮칠 때쯤, 정보의 보고 유튜브는 비즈니스의 새로운 패러다임을 예고하는 단어들을 쏟아냈다. '무자본 창업', '월 천만 원', '월 1억 매출'까지. 사업에 감이 있는 사람들은 새로운 세상의 물결이 무엇인지 금방 눈치 챘다.

재택근무 혹은 격일출근을 하면서 '언제 직장에서 나가게 될지 모른다.'라는 두려움에 뭐라도 해보자는 심정으로, 그나마 접근하기 쉬운 '이커머스 공부하기' 열풍이 분 것이다. 이는 국내뿐만 아니라 전 세계적으로 같은 상황이었다.

2020년부터 공공기관, 각 대학교, 정부 부처 등에서도 이커머스를 선택이 아닌 필수 교육으로 채택하기 시작했고, 산업통상자원부에서도 전국 수십여 개 대학에 알맞은 강사진을 배치하고 매년 '전자상거래 경진대회'를 개최하며 글로벌 이커머스 육성에 앞장섰다.

코트라와 같은 기관에서는 무역 활성화를 위해 물류비, 제품비용에 지원하는 비중을 줄이고 이커머스를 활용한 글로벌 수출, 역직구 등의 지원비를 대폭 확대하였다. 전문위원들도 교육하여 소상공인을 포함한 많은 기업들이 좁은 대한민국을 벗어나 수출 주도국가로서 다시 한 번 일어나기를 바라며 지원하고 있다. 물론 이러한 정책, 교육이 있다는 것이 알려지지 않아 어떤 지원을 받을 수 있는지 모르는 기업도 많다.

의미 있는 마음이 모여,
이커머스 교육의 시작

    2019년부터 필자진 역시 이커머스 교육에 뛰어들게 되었다. 유튜브 등 온라인 콘텐츠에서 쏟아지는 무수하고 허황된 이야기를 사람들이 믿고, 또 사기를 당하고, 돈벌이에 이용되며 좌절하는 모습을 지켜본 것이 계기가 되었다. "우리가 글로벌 이커머스를 10년 동안 했는데…. 여기에서 발생할 수 있는 엄청난 리스크도 가감 없이 얘기하고, 그들이 헤쳐 나갈 수 있게 도움을 주자."라고 뜻을 모았다.

    전국 '공공분야' 교육이 있는 곳이라면 모두 찾아다녔다. 지금 생각해보면 무모하지만, 코트라의 전문위원들이 글로벌 이커머스를 더 잘 이해해야 지원을 담당하는 기업들이 제대로 된 사업을 할 수 있다는 생각에 무작정 코트라에 쳐들어갔던 경험도 있다. 그 결과 코트라, 전국 무역협회(서울, 대전, 대구, 부산, 울산, 광주, 강원, 충청 등), 중기부, 소상공인 연합회와 함께 다양한 대상층에게(실제로 52년생 수강생도 있었다) 글로벌 이커머스를 알리게 되었다. 그 과정에서 서울의 대학교에 임용되어 전공과목을 맡아 강의도 시작하였다.

모든 온라인 교육이 나쁘다는 것은 아니다. 아쉽게도 제대로 된 내용을 알려주려는 강의자는 인기가 없다. 오히려 자극적으로 '월 천만 원', '하루 1~2시간만 투자'와 같이 쉽고 빠르게 성공할 수 있다는 허황된 콘텐츠의 인기가 더 많다. 필자의 경험상, 유명 유료강의를 들어보면 마치 하루살이와 같은 요령으로 일시적 매출을 내는 경우가 허다했다. 사업이 어떻게 유지될 수 있는지, 그 사업을 유지하기 위해 어떤 마케팅을 해야 하는지에 대해서 자세히 알려주는 경우는 본적이 없다. 이유는 알 방도가 없지만 비기를 알려주고 싶지 않을 수도 있고, 몰라서 못 알려주는 경우도 있으리라 생각한다. 그리고 최근 MZ세대의 트렌드인, '초보가 왕초보를 교육하는' 행색이 이어지고 있기에 강의 분야는 끊임없이 잘 되고 있다. 또 여전히 한국의 수많은 기업과 경영자는 'K'라는 키워드에 집중하고 있다. 마치 'K-beauty'를 붙이면 화장품이 다 팔리고, 'K-goods'를 붙이면 공산품이 다 팔릴 것처럼 말이다. 가장 큰 시장이라 판단하고 진출한 미국에서는 여전히 한국을 모르는 일반인들이 많다는 것을 이해해야 한다. 싸이, BTS로 유명해진 K-pop 문화에 물타기해서는 절대 안 된다는 것이다.

Quality = pitfall

글로벌 이커머스를 정확히 이해하기 위해서 꼭 기억해야 할 것은 'Quality = pitfall'이라는 말인데, 우리가 퀄리티를 강조하는 것이 얼마나 무의미한 것인지를 알아야 한다. 많은 국내 기업 경영자들을 인터뷰해보면 "우리 제품은 어디가 좋아요.", "타사에 비해서 기능이 몇 개 더 들어 있어요.", "타사 제품 대비 다용도예요.", "타사에 비해 퀄리티가 좋아요." 그러다 정 안되면, "타사 대비 저렴해요."와 같이 말하곤 한다. 글쎄, 우리 집에 있는 물건들의 기능을 충분히 알고 잘 사는 사람은 과연 몇이나 될까? 그리고 대체 어떤 상품이 '퀄리티가 좋다'라고 표현될 수 있는 것일까? 아무래도 대중성의 범위보단 조금 niche(틈새)로 들어가야 하는 것은 아닐까? 그 틈새의 사람들에게 팔았을 때, 돈은 되는 것일까? 여러 의문들이 꼬리를 물지 않을 수 없다.

다시금 이야기하지만, 퀄리티는 세일즈에 전혀 도움이 되지 않는다. 상대적으로 어떤 상품보다 바느질 마감이 더 좋을 수도 있고, 더 오래 쓸 수도 있겠지만, 이런 것들이 꼭 퀄리티와 연관되는 것은 아니다. 예를 들어 저자의 경우 옷을 살 때 원단의 촉감과 무게를 중요시한다. 반팔 티의 코튼이 12oz 혹은 14oz가 넘어가게 무게가 책정된다면 착용했을 때 안정감을 느끼곤 하는 것이다. 그럼 저자에게 코튼이 아니라 실크로 만든 옷은 과연 '퀄리티가 좋다'라고 느껴지겠는가? 이처럼 퀄리티라는 것은 아주 상대적인 영역으로 간주된다.

이커머스의 본질은 '키워드 입력'에 있다. 어떠한 검색엔진이든 상품을 담은 플랫폼이든 공통점이 하나 있는데, 바로 검색창이 있다는 것이다. 이 검색창에 입력되는 키워드별로 상품이 노출되는데, 여기에서 '기술'이 하나 들어가야 한다. 바로 '고객이 입력할 만한 키워드'를 알아내는 것이다. 국내의 경우 쿠팡, 네이버 등의 검색엔진에 '치약', '칫솔'과 같이 단답식으로 검색하는 경우가 많다. 하지만 영어권 국가에서는 검색엔진 혹은 아마존 등 오픈마켓의 검색창에 입력하는 키워드는 'mild rinse that helps hair lose(탈모에 도움이 되는 중성 린스)'와 같이 문장으로 입력되는 경우가 많을뿐더러, 일반적으로 본인들의 '불.편.함'에 어떤 이득을 주는지에 따라

상품을 찾는 경우가 많다. 이러한 시장조사는 2부의 '시장 이해하기'에서 더 상세하게 다루도록 하겠다.

어떤 플랫폼에 들어가야 내 상품이 잘 팔릴지, 어떤 가격으로 팔아야 할지에 대한 조사 없이 그저 '타사 대비 다기능, 좋은 퀄리티, 그럼에도 저렴한 가격'만 남발하면 이 시대를 살아가고 있는 똑똑한 소비자들을 우롱하는 것은 아닌가 하는 생각을 해야 한다. 예를 하나 들어보자. 우리가 집에서 사용하는 화장지가 급하게 필요하다면 어디서 사야 할까? 화장지의 브랜드는 중요하지 않고, 바로 '쿠팡'과 같은 오픈마켓이 떠오를 것이다. 이유를 물어보면 모두들 "편리합니다.", "빠르게 옵니다.", "저렴합니다.", "가격 비교를 할 수 있어서 좋습니다." 등 수없이 많은 장점들을 늘어놓을 것이다. 모두 맞는 말이지만 그중 하나, '싸다'는 맞지 않을 확률이 높다.

오픈마켓 특성상 다른 유사제품과 비교를 할 수 있고, 상대적으로 저렴한 상품을 찾을 수는 있지만 절대가격에서는 그렇지 않다는 이야기를 하고 싶다. 이유는 '플랫폼 대행 수수료' 때문이며, 여기에 새벽배송 옵션을

포함한 로켓배송 물류까지 이용하고 있다면 수수료는 더 올라갈 수밖에 없다. 이것을 브랜드 사에서 책임질 리는 만무하다. 어찌 되었든 돈을 벌어야 하니까. 그렇다면 그 몫은 고스란히 소비자들에게 전가되는 것이다. 그럼 자사몰은 어떨까? 플랫폼 수수료가 없으니 아무래도 저렴할 것이다. 그런데 재밌게도, '크리넥스 닷컴'에 들어가서 화장지를 구매하는 소비자는 없을 것이다. 아무래도 편의성의 이유가 크겠지.

그럼 이야기를 조금 돌려서, 지금 우리가 들고 다니는 가방은? 신발은? 노트북은? 이것들도 쿠팡에서 사게 될까? '그렇다'의 비중보다 '아니다, 브랜드몰 혹은 오프라인에서 산다'가 압도적으로 많을 것이다. 참 신기하지 않은가? '편리', '저렴', '빠른 배송' 등 장점이 너무나 많고, 하물며 고가 브랜드 상품들도 모두 오픈마켓에 입점해 있는데도 말이다.

소비자들은 특이하게도 오픈마켓에서 해당 상품을 주로 구매하지 않는다는 특성을 보인다. 이 내용은 물론 책 후반부에 더 상세히 다룰 예정이다. 이는 판매 채널을 결정지을 때도 경쟁사가 어디에 입점해 있는지, 소비자들의 특성은 어떤지, 해당 플랫폼에서 가격은 어떤지 등이 숫자로 명확히 보여야 입점 여부를 결정할 수 있다는 뜻이다. 사업을 제발 감으로 하지 말자. 필자들 또한 "우리의 감은 엉망이야!"라고 푸념하곤 한다. 숫자를 철저하게 파악하고, 패턴을 읽고, 플랫폼을 결정지어야 타깃화된 소비자들을 겨냥할 수 있다.

이커머스로
돈 벌 수 있나요?

"이커머스로 돈 벌 수 있나요?" 제자들에게 가장 많이 듣는 질문이다. 물론 개인차가 있겠지만, 저자들이 운영하는 통상 교육은 1개월, 3개월, 6개월과 같이 기간에 따라서 교육법이 다르다. 가장 기억에 남는 교육은 서울시에서 주최하고 무역협회에서 주관하여 청장년들을 대상으로 한 6개월 코스였다. 35명의 수강생과 함께 글로벌 이커머스에 대한 무지함을 품고 떠난 이 항해에서 6개월을 보낸 후, 어떤 수강생은 이커머스 교육을 하는 강사가 되고, 어떤 수강생은 교육 커리큘럼에서 판매를 연습했던 상품

을 계속해서 사업화하여 창업을 하고, 또 어떤 수강생은 이전까지 한 번도 직업을 가져본 적이 없었음에도 글로벌 이커머스 전문가로 취직했다. 흥미로운 것은 창업이 아닌 취업 시장에서도 우리의 수강생은 인기 만점이었다는 사실이다. 이는 많은 회사가 이커머스를 주력으로 사업을 전개하고, 또 해외시장 타깃을 놓치지 않고자 한다는 반증이기도 하다.

이 책은 초보자들 누구나 따라할 수 있게, 그리고 가장 쉬운 글로벌 이커머스를 알리기 위해 집필하였다. 상품에 집중하기보다는 나의 글로벌 이커머스 '브랜드'를 런칭하고, 그 브랜드의 색깔을 결정하고, 상품을 가장 저렴하게 소싱하는 방법을 터득하여 원가를 낮추는 데 도움을 주고자 한다. 또한 1인 사업을 하게 되더라도 물류 등에 구애 받지 않게 자동화함으로써 현 시대에 어울리는 마케팅 방법을 배워 하나의 브랜드를 육성할 수 있도록 만드는 것이 최종 목표이다.

제자 중 한 명은 수업시간에 배운 방법대로 숫자를 보며 시장 트렌드를 읽어 중국의 ODM 공장을 컨택하고, 발가락 양말 브랜드를 만들어서 판매하였다. 같이 수업을 들었던 다른 제자들은 다소 의아해 했지만, 이 제자는 '무좀'이라는 불편함을 자극함과 동시에 솔루션으로 발가락 양말을 제시했는데, 이 시장은 미국에서는 다소 치열하지 않았다. 때문에 수업하는 6개월 동안 초기 발주량 1,000개 이후 4번의 완판을 거치며 성공적으로 수료하게 되었다. 커리큘럼 종료 후 졸업을 하며 "선생님, 저 이커머스가 잘 맞는 것 같아요. 이제 사업을 본격화 해보겠습니다."라는 말을 남긴 이 제자는 지금은 글로벌 이커머스 전문가로 활동하며 개인 사업과 기업 컨설팅을 함께 하고 있다는 소식이 종종 들려온다.

여러분들도 누구나 할 수 있다. 장담하는데 1년도 걸리지 않을 것이다. 이 빌드업을 통해 향후 3년, 5년 동안 비즈니스할 수 있다면, 안 할 이유가 있을까? 저자 주위의 지인들은 이제 40대 중반에 가까워지고 있다. 이 혈기왕성한 사회인들도 본인이 직장에서 언제 나가게 될지, 50대에는 뭘 먹고 살지, 이렇게 노후를 아무 대책 없이 놔둬도 되는 것인지에 대한 고민이 많다. 당신이 직장을 다니고 있든, 이커머스에 대해 잘 모른다고 하든 상관없다. 지금부터 1년만 천천히 준비한다면, 본인이 계획하는 경제력과 안정성을 가지게 되지 않을까?

여기서 잠깐. 필자는 하나하나 물건을 파는 '장사'를 알려주고자 하는 것이 아니다. 1달, 3달, 분기, 더 나아가 1년, 3년을 계획하고, 그 계획을 달성하거나 혹은 초과 실적을 낼 수 있는 '사업'에 대해 이야기하는 것이다. 이 책에서 집중적으로 언급할 도구인 '쇼피파이'와 '글로벌 이커머스'도 그런 맥락에서 다룰 것이다.

특히 데이터와 숫자에 집중해야 함을 강조하고 싶다. 상품 소싱도, 플랫폼 입점도, 마케팅도 모두 다 데이터와 숫자에서 시작하고, 브랜드를 키워내는 개인·법인 사업자 또한 내부 자금이 어떻게 흐르는지와 같은 숫자에 밝아야 한다는 것이다. 저자 역시 문어발식 확장과 매출 향상을 위해 달리며 빚이 수십억까지 늘어났던 적이 있다. 무언가 잘못되었단 생각에 법인을 청산하고 처음, 즉 제로베이스에서부터 다시 설계하여 제대로 된 이커머스 전문가 집단을 만들겠다고 마음먹었다. 내 브랜드를 운영하고, 시드머니를 모아 더욱 타깃화가 엄선된 제품의 선별, 컨설팅, 강의 등을 통해 모든 빚을 없앴고, 지금은 안정적인 재무제표를 가지고 사업을 운영하고 있다.

여러분들은 이러한 어려움을 겪지 않길 바라는 마음에, 창피한 과거지만 말씀드립니다. 저자의 경우 갓난아기 분유값이 없어서 밤에는 배달기사와 대리기사를 병행하여 생활하면서도, 그 쌈짓돈으로 상품과 마케팅에 투자하여 사업을 유지했었습니다.

여러 모임에서 혹은 개인적으로 필자를 찾아와 한계돌파(breakthrough)를 꿈꾸는 젊은 사업가들을 만나보면 온라인 커머스 유통업에 종사하는 경우가 90%다. 다들 연매출 5억, 10억, 15억과 같은 키워드로 본인들을 소개하고, 멋진 외제차를 타고 다니곤 한다. 그런데 정작 재무제표, 순이익, 제품과 마케팅 비용의 세부사항에 대해서 물었을 때 자신 있게 대답할 수 있는 사람은 2%도 되지 않았다. 솔직하게 말해서 이건 사업을 하는 거라고는 도무지 볼 수 없는 상태라고 생각한다. 나의 분신, 혹은 자식이라고 해도 될 정도의 사업자(법인 포함)가 어디가 아픈지, 소변은 잘 보는지, 뭘 먹는지에 대해서 관심이 없다는 것이 말이나 되는 일인가?

물론 저자 역시 과거에 파산하기 전까지는 외부 시선만 의식하는 허세에 찌들었던 적이 있어서 그 마음은 이해하지만, 이 상태로는 언제 망해도 이상하지 않았던 것이 맞다고 생각한다. 부디 여러분들은 '월 천 벌기'와 같은 성공팔이에 놀아나다가 계획 없이 상품 하나 더 팔려고 허둥대다가 지치고, 플랫폼들의 뒤늦은 정산에 빚더미에 앉는 상황을 겪지 않길 바란다.

글로벌 시장의 두 축, 아마존 그리고 쇼피파이

국내시장? 좋다. 하지만 대한민국 시장은 포화 상태다. 영민한 사업가와 그들이 판매하는 상품이 이미 너무나 많고, 수요가 공급을 못 따라가는 그런 시장이다. 일찌감치 대한민국은 수출 의존도가 높았고, 대기업들은 1960년대부터 해외시장의 문을 두들기고 있다. 지금은 한국인의 뛰어난 두뇌를 조금만 다르게 쓰면 해외로 나갈 수 있는 최적의 시기이다. ChatGPT와 같은 AI 도구들이 영어, 중국어, 일본어 그 어떤 언어로도 현지인처럼 번역해줄 것이다.

• 아마존과 쇼피파이

불행인지 다행인지, 저자의 이야기에 조금 더 신빙성을 주는 이벤트들이 동시다발적으로 일어나고 있다. 최근 발생한 큐텐, 위메프, 티몬, 인터파크 등의 플랫폼이 소비자와 셀러들에게 상품을 대리 구매해주지 못하는 상황, 그리고 셀러들의 판매금액을 정산해주지 못하는 상황에 국내 이커머스 업계는 곤혹을 느끼고 있다. 이러한 상황이 또 어떤 플랫폼에서 터질지 모른다(명품, 패션, niche 영역의 플랫폼들도 영업이익이 계속 장기 적자화 되어간다는 것은 뉴스에도 너무 많이 나오는 사실이다).

그럼 글로벌 시장이라고 무엇이 다를까? 물론 글로벌 시장도 수십 여 개의 플랫폼이 생겼다 사라졌다를 반복하고 있다. 하지만 절대강자로 남아있는 2개의 플랫폼에 대해서는 한 번쯤 들어봤으리라 생각한다. 바로 '아마존'과 '쇼피파이'이다.

위에서도 간략하게 설명했지만 아마존은 '오픈마켓'이라 부르는 플랫폼으로, 쿠팡이 벤치마킹한 플랫폼이다. 이곳은 카테고리별 여러 브랜드 혹은 노브랜드 상품들이 서로 경쟁하는 구조이다. 과도한 광고는 하기 어려우며, 검색어에 맞게 연관 상품들을 정리하여 페이지에 노출시키고 소비자들의 선택을 기다린다.

반면 쇼피파이의 경우 5년 전까지만 해도 "거기에 들어가면 어떤 상품들이 있나요?"라는 질문이 가장 먼저 나오곤 했다. 사실 쇼피파이는 아마존과 같이 상품들을 담아내는 플랫폼이 아니다. 플랫폼이라고 보기에는 다소 어렵고 웹빌딩, 그리고 호스팅 서비스라고 할 수 있다. 국내에는 Cafe24와 같은 좋은 서비스도 있지만, 글로벌에서의 사용은 쇼피파이가 압도적 우위에 있다. 쇼피파이는 손쉽게 나만의 브랜드를 만들 수도, 여러 상품들을 담는 플랫폼을 만들 수도 있다. 혹은 상품을 판매하지 않는 웹사이트로

도 쉽게 변형이 가능하다.

쇼피파이로 이커머스를 하기 위해서는 웹사이트도 꾸며야 하고, 상품을 등록한다거나 결제수단 지정, 돈을 지급받을 PG(Payment Gateway) 신청, 운·배송 지정 등이 필요하기 때문에 어쩐지 복잡해 보일 수 있다. 필자의 경우 첫 스토어 제작에만 일주일이 걸렸다. 지금은 1개의 스토어 개설에 걸리는 시간은 1시간 남짓이다(이 1시간 만에 제작된 스토어가 월 수천만 원을 벌어주기도 한다).

물론 아마존과 쇼피파이, 2개의 플랫폼을 '돈 버는 수단인 이커머스' 도구로 보았을 때, 그 시장 규모는 2023년 기준 GMV(Gross merchandise volume: 판매자들이 낸 매출)가 아마존에서만 $220billion(third-party에서는 $480billion), 도합 $700billion이고 쇼피파이는 $235.9billion이다. 플랫폼 단독에서 나오는 셀러들의 매출은 비슷한 수준인데, 여기서 놀라운 점은 셀러들의 숫자다. 아마존의 셀러 수가 197만 명인 것에 비해 쇼피파이의 셀러 수는 80만 명 수준이다. 이 차이는 무엇을 뜻할까? 바로 매출은 비슷하지만 셀러의 숫자는 쇼피파이가 아마존의 반도 안 된다는 의미이다. 다르게 이야기하면, 쇼피파이라는 플랫폼은 브랜딩을 통해 가격을 올리고, 순수익을 더 내게 만들었다고 해석할 수 있다.

결국 소비자들에게 오랫동안 사랑받는 상품은 '저렴한', '다기능의', '성분이 더 좋은'과 같이 장점만 펼치는 경우보다 브랜드의 가치, 결, 디자인 등 더 복합적인 요소들이 충분히 반영된 상품이라는 것이다(물론 오픈마켓에서 파는 상품이 사라진다면 우리 생활이 힘들어지겠지만 말이다). 여기서 우리가 보는 관점은 '셀러'로서 더욱 이윤을 내고, 지속 가능한 모델을 만들어 사업을 영위하는 데 있다.

쇼피파이의 무한한 가능성
전파자

필자진은 쇼피파이를 통해 글로벌 커머스로 상품 판매 사업을 함과 동시에 영역 확장을 시도했다. 바로 컨설팅과 교육이다. 국내에서 쇼피파이 서비스 및 활용에 대한 이해도가 워낙 낮기 때문에 우선 이를 정확하게 알리는 것이 가장 중요하다고 생각했다.

공공기관, 대기업 등에 무작정 영업을 하여 강의를 통해 교육 서비스를 제공할 기회를 얻어냈고, 해당 교육을 받은 수강 기업들의 관심이 쌓일 무렵 B2G 비즈니스 방식인 나라장터 입찰(공공프로젝트) 건으로 상당히 큰 규모의 대형 프로젝트들을 맡을 수 있게 되었다.

프로젝트 1

이 프로젝트는 한국의 수산업 브랜드 약 40여 개를 묶어 K-수산물 브랜드로 런칭하여 글로벌 전용 브랜드 스토어를 구축하고, 동시에 아마존에도 입점시켜 판매 채널을 활성화하는 것이었다. 대한민국의 수산물을 해외에 알릴 수 있는 기회여서 가슴이 벅찼고, 더 잘하고 싶은 욕심에 브랜드 스토어를 쇼피파이로 구축하였다. 모든 기능을 다 활용해 보겠다는 일념으로 최선을 다하여 다양한 최신 기술과 도구를 접목한 성공적인 글로벌 브랜드 스토어를 구축했던 이력이 있다. 개발자가 아니었기에 시스템을 만지는 영역에는 소질이 없었음에도 불구하고 아마존에 리스팅된 상품과 쇼피파이 브랜드 스토어에 있는 상품을 동기화 할 수 있었고, 어디에서 팔리든 주문된 상품이 3PL 창고에서 자동으로 소비자에게 발송될 수 있게 구축하였다. 어찌 보면 조금 응용한 것이었다고 볼 수 있다. 세상에서 가장 저렴한 상품을 취급하는 중국의 온라인 B2C마켓 알리익스프레스의 상품이 쇼피파이와 연동되어 판매 자동화가 되는 기능이 있다는 것을 이해한다면, 저자진이 수행했던 쇼피파이-아마존 간의 연동이 어려운 작업은 아니라는 생각이 들 것이다. 세상 참 좋아졌다.

프로젝트 2

국내 최대 규모 화장품 회사 A사의 사업 중 매출 규모가 거대했던 중국 사업이 2022년부터 전면 철수됨에 따라 중국 외 글로벌 이커머스에 기댈 수밖에 없는 상황이 되었다. A사는 다행히 필자진의 교육 내용에 공감했고, 마케팅 관계자들은 물론 임원진까지 적극적으로 교육 프로그램에 참여했다. 내부 개발자들을 보유하고 있었음에도 잦은 이직, 외주 업체에 대한 높은 의존도 등에 시달렸던 A사는 글로벌 이커머스의 대안책으로 기존에 가지고 있던 브랜드 스토어를 쇼피파이로 쉽게 관리하기로 결정했다. 현재 약 30여 개 브랜드사에서 쇼피파이로 글로벌 스토어를 관리하고 있고, 이를 통해 떨어졌던 중국 매출을 조금씩 회복하는 추세다.

이제 쇼피파이를 시작할 시간

사회 진출을 위해 열심히 공부하는 학생과 취업 준비생, 부업을 원하는 개인과 회사원, 프리랜서, 자영업자 등 소상공인, 중소·중견기업과 대기업까지 각자의 니즈에 맞춰 쇼피파이를 통해 보다 손쉽게, 많은 목표를 세우고 결과를 이룰 수 있는 시대가 열렸다. 여기까지 읽고도 나와는 상관없는 이야기라고 생각했다면, 차라리 더 이상 읽지 말고 지금 바로 이 책을 덮고 본인의 일상을 즐기길 바란다. 왜냐하면 지금부터 할 이야기는 그렇게 가벼운 이야기가 아니기 때문이다.

필자진은 수없이 다양한 유형의 사람들을 만나고, 교육하고, 멘토링하고, 컨설팅하면서 누적된 수많은 값진 경험이 있다. 여기서 얻은 가장 중요한 사실은 남들이 이렇게 성공했다고 해서, 그것을 따라한 누군가 역시 동일하게 성공한다는 보장은 절대로 없다는 것이다. '이렇게 하면 된다, 저렇게 하면 된다.' 등 본인들의 방식과 비즈니스 모델만이 정답인 것처럼 어필하고 리드하는 사람들이 우후죽순으로 생겨나고 있다. 앞서간 누군가의 도움을 받으면 자신들의 인생과 미래 역시 동일하게 성공할 수 있다는 위험한 믿음을 가지고 그들의 주장에 호응하는 사람들이 있기 때문이라고 본다. 즉 본인의 인생과 미래를 책임감 있게 설계하고 운영해가는 것이 아니라 남들이 하는 것처럼, 그저 무언가를 따라서, 쉽게 성공을 맛보려 하는 경우가 너무 많았고, 지금도 정말 많다.

굳이 이 현실을 지적하는 이유는 앞서 말한 것처럼 쇼피파이와 같은 도구를 통해 쉽게 무언가를 이뤄낼 수 있다는 것이 반드시 돈을 쉽게 번다거나 비즈니스가 대박 난다는 의미가 전혀 아니기 때문이다. 쇼피파이라는 도구를 활용할 수 있는 능력을 갖춘 사람에게는 기회가 찾아왔을 때 그것으로 만들어 낼 수 있는 성취들이 많다는 의미다. 이것이 우리가 쇼피파이를 배우기 전, 활용하기 전에 갖춰야 하는 마음가짐이다. 그리고 이를 통해 나의 황금 같은 시간과 노력을 들여서 만들어가는 나만의 비즈니스를 계획하고 실행해야 하는 것이다.

국내 이커머스든 글로벌 이커머스든 또는 브랜딩이든, 수단과 방법에 관계없이 쇼피파이를 활용하는 것 하나도 일종의 비즈니스로 여기고 열과 성을 다해 임하는 마인드가 정말 중요하다. 인류의 역사상 과거부터 현재까지 우리 인간이 도구를 가장 잘 활용할 수 있는 동물이라는 사실에는 변함이 없다. 쇼피파이 역시 도구로 삼아 당신의 인생을 개척하고, 개혁하고, 발전시켜 나갈 수 있기를 바란다.

쇼피파이,
안 할 이유가 없다!

쇼피파이라는 도구는 주로 어떤 식으로 활용할 수 있을까? '쇼피파이'
라는 웹사이트를 만들기 위한 서비스, 즉 웹빌딩 서비스는 넓게 보면 다른
웹빌딩 서비스(카페24, 워드프레스, 빅커머스, 아임웹 등)와 큰 차이가 없어
보일 수 있다. 하지만 여러 가지 부분에서 상당히 다른데, 본 책에서는 쇼피
파이를 통해 얻을 수 있는 혜택, 활용도를 다음과 같이 정의하고자 한다.

- **1인 셀링**: 해외에선 흔히 드랍쉬핑(Dropshipping)이라는 말로 불리고 있으며, 국내에
서는 위탁판매로 해석할 수도 있다. 그럼 10년간 지속되어 오던 위탁판매와 무엇이
다른가를 말하라면, 딱 하나의 키워드를 추가할 수 있다. '자.동.화'. 세계에서 가장 저
렴한 도매처를 꼽자면 중국발 도매처를 이야기할 수 있다. 이러한 도매처와 쇼피파
이를 통한 웹사이트가 시스템으로 연동되면서 우리는 브랜딩과 마케팅에만 집중할
수 있다는 뜻이다.
- **해외 커머스**: 브랜드사 관점에서 수출을 하기 위해서는 너무나 많은 난관들이 있을
수밖에 없다. 조금만 구조를 바꿔서, 직구 형태로 브랜드몰을 개설한다면? 본 모델은
역직구라고 할 수 있으며, 해당 모델로 해외에 배송할 경우 통관도 용이하고(자가 사용

목적 시, 목록 통관에 해당), 현지 판매법의 지배를 받지 않을 수 있다. 이런 방법으로 트래 픽을 우선 쌓고 그 뒤에 수출의 방법을 찾을 수 있다는 이야기로 해석될 수도 있다.

- **국내 기업 컨설팅:** 필자가 진행해온 무수히 많은 컨설팅 중 국내 브랜드몰을 쇼피파이로 만드는 경우도 심심치 않게 볼 수 있다. 물론 얼리어답터인 것이 맞지만, 쇼피파이의 가장 큰 장점으로는 시스템 연동화(마케팅 채널과 마케팅 분석도구들을 자사몰과 통합하여 데이터 기반의 의사결정을 할 수 있게 함), 검색엔진에서의 최적화(이는 본문 후반에서 상세히 설명) 등이 있다. 국내에서 서버 용량을 별도로 구매해야 하는 비용적 부담을 뒤로 하고 구글 클라우드 기반의 쇼피파이 몰을 운영한다면, 용량 제한 없이 소비자들이 접속할 수 있다는 장점도 있다.

이러한 기능들을 가능하게 하기 위해 쇼피파이는 웹사이트 운영을 용이하게 하기 위한 테마(디자인 틀) 스토어를 운영한다. 이를 통해 원하는 디자인을 쉽게 채택할 수 있도록 하고, 쇼피파이 앱스토어를 통해 필요한 기능(물류, 마케팅, 검색엔진, CRM, WMS, OMS 등)도 접목할 수 있게 한다. 가장 중요한 사실은, 이 모든 것을 단지 '드래그'와 '드롭'만으로도 가능하게 했다는 것이다. 자, 이제 쇼피파이를 안 할 이유를 찾기가 더 어려울 것이다.

MEMO

"2o24년 11월 13일, 쇼피파이 본사 한국 방문"

캡스톤벤처스의 성과를 인정 받아, 쇼피파이의 한국 시장 진출 및 영향력 확대를 위한 전략적 협력 논의

"올인원 AI 메신저 채널톡 운영사인 채널 코퍼레이션과의 미팅"

글로벌 성과를 토대로 한국과 북미 시장에서 전략적 협력 (파트너십)을 이어가기로 했다.

제 1 부

이커머스의 현황

CONTENTS

1장	이커머스의 개념과 유형
2장	결국 해답은

이커머스의 개념과 유형

국내 이커머스의
사업 방식

　온라인에서 상품을 판매하는, 즉 이커머스 사업을 운영하는 방법은 크게 4가지로 분류할 수 있다.

　첫 번째, 위탁 판매이다. 네이버 스마트스토어나 쿠팡에서 가장 많이 볼 수 있는 상품과 판매자가 바로 위탁 판매를 하는 위탁 셀러이다. 자신이 제조하거나 유통하는 상품은 없지만 도매 사이트를 이용하거나 또는 상품을 공급해주는 공급업체와 일종의 계약을 통해서 자신의 판매 채널에 상품을 등록하고, 일정 마진을 붙여 판매를 진행한다. 이 방식은 대한민국에 '위탁 셀러', '스마트스토어 부업', '월 천만 원'이라는 단어를 부흥시켰다. 실제로 많은 직장인들이 위탁 판매와 관련된 다양한 콘텐츠들을 접하고 제2의 수익을 만들기 위해 도전했고, 지금도 진행 중이다.

　두 번째, 사입에 의한 판매이다. 대부분의 위탁 판매 셀러들이 후속 비즈니스 단계로 생각하는 방식이 바로 사입 구조이다. 위탁 판매 방식으로 상품을 등록하여 판매하면 필연적으로 이익 구조가 좋지 않다. 내 상품이 아니라 다른 기업, 브랜드, 유통업체의 상품을 판매하는 것이기 때문에 그들이 나에게 제안하는 상품 가격은 이미 중간 단계의 많은 이해관계자늘의 수익이 붙은 상태이다. 위탁 판매 방식으로는 절대로 경쟁력 있는 가격이 나올 수 없다.

만약 위탁 판매 방식을 통해서 괜찮은 상품을 발견했고 스마트스토어나 쿠팡에서 꾸준하게 상품이 판매되고 있지만, 노력에 비해서 수익이 적다는 생각이 든다면 많은 위탁 셀러들은 이 시점에서 제품의 사입이라는 유혹에 빠져든다. 제품을 대량으로 구입하여 재고를 축적해놓는다면 대량 구매를 통해 상품의 공급 가격에서 할인을 받을 수 있고, 중간 유통업자들을 거치지 않고 상품을 받을 수도 있기 때문에 경쟁력 있는 가격에 상품을 판매할 수 있는 조건이 만들어진다. 사입은 국내 제조업체나 유통업체를 통해서 진행하기도 하지만 가장 일반적인 방법은 중국의 수많은 제조업체 또는 유통업체에서 상품을 사입하는 것이다.

물론 단점도 크다. 제품이 다양한 이유로 판매가 어려워진다면 재고에 대한 책임을 고스란히 져야 한다. 사입을 하기 위한 초기 비용이 또한 적지 않기 때문에 그만큼 위탁 판매보다 위험성이 더 크다고 볼 수 있다. 그리고 가장 많은 셀러들이 사입하는 방식인 중국에서의 제품 소싱은 중국 직구 플랫폼(C-Commerce)의 국내시장 직접 진출로 인해 사업 자체의 경쟁력이 매우 약해졌다. 실제로 필자진이 중국에서 직수입하여 국내에 만원에 판매하던 건강관리용품은 지금 알리익스프레스 플랫폼에서 천원에 구매 가능하다. 이 '만원'이라는 가격에는 사입 비용과 각종 절차 진행에 따른 비용 그리고 현지에서 상품의 1차 검수를 위한 비용 등 여러 가지가 포함되지만 일반 고객은 이를 알지 못한다. 우리는 단지 가격적으로 계속 경쟁력이 없어질 뿐이다.

세 번째, 브랜드 총판 및 벤더이다. 이러한 단계까지 사업을 확장하는 사람들은 기본적으로 잘 알려진 상품을 판매하면 각종 마케팅 비용을 줄일 수 있다는 생각으로 진입하는 경우가 많다. 그리고 누구나 쉽게 제품을 공급받을 수 있는 것이 아니기 때문에 다른 사업 모델에 비해 비교적 경쟁에서 자유로울 수도 있다. 하지만 해당 판매 방식 역시, 기업과 브랜드가 직접 자체적인 온라인 판매 채널을 통해서 판매를 진행하는 경우가 대부분이기 때문에 본사와의 경쟁은 그 결과가 뻔하다. 유명한 브랜드의 상품을 취급한다고 해서 위탁 판매나 사입 셀러들의 상품 마진보다 높지 않으며, 심지어 더 낮은 경우도 많다. 전형적으로 사업을 위한 자금이 뒷받침되어야 하고 경우에 따라서는 자체적인 운·배송 시스템을 갖춰야 한다.

네 번째, 제조 셀러이다. 제조업체에서 직접 온라인 판매를 진행하거나, 위탁 또는 사입 판매를 진행하면서 해당 상품을 더 발전시켜 나만의 제품을 만들어보고자 하는 셀러들이 상품을 직접 기획하고 제조하기도 한다. 제품의 생산부터 마케팅, 유통과 물류 전반적인 부분을 신경 써야 할 뿐만 아니라 제품의 기획과 제조에 상당한 비용이 투입될 수밖에 없다.

국내 이커머스
사업 방식의 명확한 한계

　필자진 역시 위탁 판매 방식의 이커머스 비즈니스 모델을 통해 처음으로 온라인에 물건을 판매하는 사업을 경험했다. 특히 네이버에서 특정 상품과 관련하여 사람들이 얼마나 그 상품을 검색하는지, 그리고 그 검색한 상품을 몇 명의 판매자가 판매하고 있는지를 분석해주는 다양한 분석 사이트를 활용했다. 상품에 대한 고객들의 검색은 있지만 판매하는 셀러들은 상대적으로 적은 시장을 공략해서 판매를 일으키는 방식으로 수익을 냈지만, 이제는 더 이상 경쟁력이 없다고 볼 수 있다. 필자진은 이렇게 팔릴 만한 상품을 찾아서 제품의 이미지를 바꿔 다른 상품처럼 보이게 하거나, 상세 페이지를 바꿔서 고객들을 설득하는 작업을 통해 상품을 판매했다. 문제는 이렇게 공들여 제품의 이미지를 촬영하고 고객들을 설득할 수 있는 상세 페이지가 반응이 오기 시작하면 다른 모든 셀러들이 비슷하게 또는 거의 똑같이 따라한다는 것이다. 위탁 판매 방식은 상품의 가격으로는 절대 소비자를 구매까지 설득할 수 없으므로, 상품의 이미지와 상세 페이지를 통한 차별화를 해도 어느 정도 상품이 팔리다가 다시 어려워지는 상황이 반복되었다.

　위탁 셀러에게 또 다른 큰 시장은 쿠팡이었다. 쿠팡은 많은 소비자들의 트래픽이 몰리는 플랫폼이고 상대적으로 네이버보다 셀러에 대한 플랫폼의 제약이 적은 편이다. 셀러의 입장에서는 상품 등록부터 광고 집행까지 모든 부분이 쉽게 느껴질 수 있도록 플랫폼이 구성되어 있다. 하지만 쿠팡은 뼛속까지 가격을 가장 중요하게 생각하는 플랫폼이고, 그래서 소비자들이 쿠팡에서 상품 가격 비교를 쉽게 할 수 있도록 되어 있다. 쿠팡의 알고리즘이 위탁 셀러가 등록한 다양한 상품들을 동일한 상품이라고 판단하면 상품은 한 개의 상품 페이지로 묶이게 되고, 그 판매 페이지에서 1등이 되기 위해서 위탁 셀러들은 초조하게 10원 싸움을 시작한다. 한마디로 가장 저렴한 상품만이 소비자에게 노출되는 구조이다. 필자진은 경쟁 업체가 의도적으로 동일한 상품을 등록하고 상품 가격을 더 저렴하게 함으로써 그간 애써 만들어뒀던 고객 리뷰와 상품을 뺏기는 경험을 많이 했다. 무조건 가격으로 경쟁해야 하는 상황의 연속이고 지칠 수밖에 없다.

　따라서 상품의 사입은 어쩔 수 없는 선택이었다. 공급받을 수 있는 상품의 가격을 낮춰야 했고, 위탁 셀러들이 쉽게 구할 수 없는 상품을 판매해야 했다. 국내에서도 상품을 사입할 수 있었으나 많은 자금을 투자해야 한다는 부담감이 있었기 때문에 처음에는 중국 제품을 사입하는 것부터 시작했다. 당시에는 1688, 알리바바와 같은 사이트에서 상품을 확인 후 빠르게 가져와서 판매를 하는 사입 셀러들이 많았고, 이때 상품의 패키징을 새로하고 마케팅을 통해 중국 제품이 아닌 것처럼 보이게 하는 것이 잘 통했다.

　문제는 재고를 부담하다 보니 일정한 보관 장소나 창고가 필요하게 되었고, 고객에게 택배를 발송하는 업무로 인하여 직원을 고용해야 했다는 것이다. 제품 사입을 위해서 많은 자금을 투자했지만 플랫폼에 따라서 두 달 후에나 정산을 해주고, 또 이 정산금을 한 번에 주는 것이 아니라 나눠서 주니 판매는 계속하고 있지만 급여, 세금, 매입, 마케팅 비용을 제외하고 나면 영업 이익이 얼마큼인지 계산하기 어려웠다.

매출은 계속 늘어서 연매출 30억을 넘기고 있었지만, 실제 수익은 얼마인지 자금 계획을 세우기 어렵다보니 정부지원 대출이나 금융기관 대출 또는 일정 수수료를 지불하고 플랫폼에서 받을 금액을 '선정산 받는 서비스'를 계속 이용했다. 여기서 선정산 서비스란 플랫폼에서 정산 받을 금액을 담보로 하고 업체에서 미리 상품 판매 대금을 지급 받는 것이다. 당연히 선정산 서비스를 제공하는 업체는 일정 수수료를 가져간다. 이를 통해서 사업에 필요한 비용은 충당되지만 통장에는 돈이 남지 않는 상황이 반복되었다. 매출 규모의 차이만 있을 뿐 이런 어려움은 위탁으로 판매를 하는 위탁 셀러, 사입 셀러들이라면 모두 공통적으로 겪는 어려움이다.

하지만 과연 자금 문제만이 위탁 셀러, 사입 셀러가 겪는 고충일까? 이커머스는 서두에 말했듯이 온라인에서 무엇인가를 사고 판매하는 것을 의미한다. 온라인에서 무엇인가를 판매하는 것이 반드시 디지털 플랫폼일 필요는 없다. 하지만 국내 셀러들은 조금 더 쉽고 편한 판매처를 찾다 보니 스마트스토어, 쿠팡, 11번가, G마켓, 옥션과 같은 오픈마켓 플랫폼에서 주로 판매를 진행한다. 물론 이는 국내 소비자들의 소비 습관과도 관계가 클 것이다. 많은 소비자들이 오픈마켓 플랫폼의 다양한 장점, 즉 빠른 배송, 쉬운 가격비교 등의 요인으로 오픈마켓에서 제품을 구매하는 것을 선호한다. 때문에 이 플랫폼에 셀러들은 필연적으로 의존할 수밖에 없다. 필자진은 오픈마켓에서 제품을 판매하면서 많은 한계를 느꼈다. 플랫폼에 대한 의존도가 높아지면서 오픈마켓에서 상품을 상위에 노출시키는 알고리즘을 변경한다든지, 새로운 광고 시스템을 적용한다든지 하는 식으로 오픈마켓의 정책이 바뀔 때마다 그에 적응하기 위해 굉장한 피로감을 느꼈다.

장기적으로 보면 마케팅과 브랜딩이라는 이커머스의 핵심을 놓치는 심각한 상황을 마주하게 된다. 오픈마켓을 통해 판매할 때 시도할 수 있는 마케팅의 방법은 다양하지 않다. 그 이유는 오픈마켓 플랫폼이 크게 두 가지의 수익 구조로 운영되기 때문이다. 첫 번째는 플랫폼에서 고객이 특정 제품을 구매하면 그 상품의 일정 비율을 가져가는 수수료이다. 즉 셀러들은 이러한 수수료를 제외한 금액을 정산 받게 된다. 두 번째는 광고를 통한 이익이다. 이커머스 플랫폼은 모두 광고 시스템을 갖고 있고, 이것이 중요한 수익원이다. 따라서 많은 광고비를 집행하는 기업과 셀러들이 판매에 유리할 수밖에 없다.

광고가 중요한 수익원인 오픈마켓 플랫폼에서 광고를 해야 판매가 발생하는 것은 어찌 보면 당연한 결과다. 플랫폼에서 광고를 집행해야 판매가 되고, 또 더 많은 판매를 위해서 광고비에 자금을 투자하는 악순환이 생겨난다. 광고를 제외하고는 할 수 있는 마케팅이 너무 제한적이라 단순히 상품을 판매만 할 뿐 제대로 된 이커머스를, 마케팅을 경험했다고 보기 어려워진다.

필자진은 위탁 판매로 매출이 발생하기 시작하면서 다른 상품, 다른 판매자와 차별화하는 것의 중요성을 느끼고 그때부터 마케팅과 브랜딩의 중요성을 생각했다. 하지만 오픈마켓 플랫폼에서 나를 보여줄 수 있는 곳은 그리 많지 않다. 오픈마켓 플랫폼은 정책적으로 고객에게 보여지는 상품 이미지의 가이드라인이 정해져 있고 상품명 또한 마찬가지다. 가장 중요한 문제는 고객이 '나'라는 판매자에게 상품을 구매한다고 생각하기보다는, 플랫폼에서 상품을 구매한다고 생각하는 경향이 훨씬 크다는 점이다. 예를 들어 우리가 치약을 구매해야 할 때 '쿠팡에서 사야지.'라고 생각할 뿐, '쿠팡에 있는 어떤 셀러에게 치약을 사야지.'라고 생각하지 않는다. 고객의 마음 속에 셀러는 없고 플랫폼만이 브랜딩되어 각인되는 것이다. 우리를 표현할 수 있는 영역에 명확한 한계가 존재한다.

마케팅 관점에서 보면 재구매를 발생시키고 브랜드의 정체성을 제대로 전달할 수 있는 중요한 것이 고객과의 소통, 그리고 고객 데이터이다. 오픈마켓은 고객들의 데이터를 우리에게 온전하게 전해주지 않는다. 쿠팡에서 아무리 광고를 많이 해도 광고를 통해 구매한 고객들에 대한 데이터는 구체적이지 않다. 누가 우리의 광고를 보고 구매를 했는지 식별하기가 쉽지 않다. 하지만 자사몰의 경우에는 다르다. 자사몰을 통해서 고객들을 유입시키고 판매를 하면 고객들의 데이터는 몇 가지 세팅을 통해 쉽게 확인할 수 있다. 어느 지역에서 자사몰에 들어왔는지, 성별 및 연령대 확인 그리고 그들의 자사몰에 와서 어떤 특정한 행동을 하는지까지 모두 추적 가능하다. 이러한 데이터들을 통해 자사몰에 들어온 고객들이 불편하지 않도록 최적화할 수 있다.

단순한 판매를 넘어 마케팅과 브랜딩의 영역으로

　결국 우리 모두는 상품을 판매하는 행위, 그리고 매출을 만들어내는 것에만 집중했고 왜 이 상품이 팔리는지, 어떠한 전략에 고객이 반응하고 구매를 결정하는지 마케팅과 브랜딩의 중요성은 모두 간과했다. 지속적인 사업을 위해서는 당연히 마케팅, 특히 브랜딩에 신경 써야 한다. 많은 기업들은 제품력보다도 소비자들에게 어떻게 보여지고, 어떠한 정체성을 전달하며 소통할 것인지와 같은 브랜딩에 더 많이 집중하고 신경 쓴다. 지속 가능한 사업을 위해서, 그리고 안정적인 수익 구조를 만들기 위해서 오픈마켓에 대한 의존도를 줄여야 한다는 결론이 나온다.

　국내 소비자들은 오픈마켓을 통해 제품을 구매하는 비율이 높다. 하지만 해외로 눈을 돌리면 자사몰을 통해서 상품을 구매하거나 구글과 같은 검색엔진에서 자신이 사고 싶은 키워드를 검색하여 구매하는 사람들이 많다는 것을 알 수 있다. 구글이라는 검색엔진에 자사몰이 노출될 기회는 많다. 그래서 자연스럽게 오픈마켓이라는 플랫폼의 영향력에서 벗어나 브랜딩적인 요소를 잘 보여줄 수 있는 자사몰을 통해 사업을 확장할 수 있는 해외 이커머스로 눈을 돌리게 되는 것이다.

2장

결국 해답은

결국 해답은 글로벌 이커머스 그리고 브랜딩

자, 그럼 이커머스를 활용하려는 사람들의 궁극적인 목표에 대하여 생각해보자. 온라인상에서 본인들의 상품과 브랜드가 ❶ 많은 사람들에게 인식되고 ❷ 그들의 선택을 받아 ❸ 오랫동안 꾸준하면서도 안정적인 수익을 확보하기 위함이 아닐까?

그렇다면 이 책을 읽을 예비 셀러, 디지털 노마드, 예비 취·창업자, 각종 기업들에게 다음과 같은 질문을 던져본다. 최소 1년 이상 꾸준하게 지속할 수 있는 이커머스 비즈니스를 구축하고 운영해나가기 위한 가장 적합한 방법은 무엇일까? 이를 통하여 확실하면서도 안정적인 수익 구조를 만들기 위해서 가장 효율적인 방법은 무엇일까?

이 질문에 필자진은 '글로벌 이커머스가 최선의 답'이라고 입을 모아 추천한다. 물론 많은 국내 셀러 및 사업자의 경우 '글로벌'이라는 수식이 붙는 순간부터 뭔가 낯설고 부담스러울 수 있으며 쉽게 익숙해지기 어려울 수도 있다. 특히 영어 등 외국어에 울렁증이 있다든지, 아직 해외시장에 대한 조사나 준비가 되지 않았다든지 등 여러 이유로 글로벌 이커머스 시장으로의 진출을 생각하지도 않을 수 있다. 그 외에도 의도적으로 외면하서나 혹은 기피하고 미룬다고 볼 수도 있다. 상식적이고 자연스러운 현상이라 생각한다.

여태 필자진이 만난 수많은 국내 기업과 셀러들 또한 글로벌 진출을 제대로 준비하거나 활용하고 있지 않는 경우가 대다수였다. 그중 가장 많았던 답변은 '우선 국내 이커머스를 통해 어느 정도 상품이나 서비스를 판매 궤도에 올려둔 후 글로벌 진출을 고려해보겠다'는 것이었다. 즉 우리가 만났던 많은 이들이 글로벌 이커머스를 '나중에', '지금 하는 것이 잘 되고 나면', '언젠가는'이라는 단어들로 표현했었다. 국내에서 이커머스 비즈니스를 시작하거나 활용하는 주체들에게 글로벌 이커머스는 우선순위가 아니라 후순위로 여겨지곤 하는 것이다.

대체 왜일까? 국내에서 이커머스로 일정 목표를 달성해야 하는 것이 글로벌 이커머스를 수행하는 선결조건이 되어야만 하는 것일까? 국내에서 성공적인 이커머스 비즈니스를 영위하게 된다면 글로벌 이커머스도 마찬가지로 성공한다는, 무슨 공식이라도 있는 걸까? 이에 대한 답을 하겠다. "전혀 그렇지 않다."

국내 이커머스와 글로벌 이커머스는 어찌 보면 구조적으로는 비슷하면서도 깊게 들여다보면 완전히 다른 방식이라고 봐야 한다. 이번 파트는 우리가 지속 가능하면서도 충분한 수익을 낼 수 있는 이커머스 비즈니스 모델에 관한 것이다. 왜 글로벌 이커머스를 최선의 방법이라고 권장하는지 그 이유에 대해서 상세히 설명하고, 나아가 브랜딩의 중요성을 강조하고자 한다.

자, 먼저 국내의 경우, 앞서 설명한 것처럼 다양한 이커머스 형태를 통해 비즈니스 모델을 확립하고 수익을 창출할 수 있는 여러 방법들이 있다. 그 중에서 가장 쉽고 편리한 방식이 쿠팡, 네이버 스마트스토어와 같은 이커머스 플랫폼자들이 제공하는 서비스를 활용하는 것이다. 즉 플랫폼에 입점하여 상품을 판매하는 판매자(셀러)의 역할로 이커머스를 이용하는 것이다.

왜 이 방식이 쉽고 편리한지 물으면 거래 방식, 결제 다양성, 배송 편의성, 각종 반품, 환불 정책 등 각 플랫폼이 마련해둔 틀 안에서 판매 행위를 하면 되기 때문이라고 답하겠다. 당신이 직접 이용 약관을 구성한다거나 환불 규정을 법적으로 검토 받아 작성한다거나 하는, 이커머스 영위를 위하여 필요한 세밀한 부분까지 하나하나까지 모두 신경 쓸 필요가 없고 단지 '잘 판매하는 것'에만 집중하면 되기 때문이다. 그것이 위탁 판매 방식이든, 사입 판매 방식이든 또는 ODM, OEM 어떤 방식이든 상관없이 당신이 할 수 있는 방식을 정하여 판매가 잘 될 수 있는 방법을 총동원하여 성과를 내볼 수 있는 것이다. 그렇기에 모든 요소를 하나하나 직접 구성하고 설계해야 하는 경우와 비교했을 때, 플랫폼에 입점하여 이커머스를 경험하고 활용하는 것이 더 쉽다는 것은 명백한 사실이다.

조금 더 구체적으로 들여다보기 위해 먼저 플랫폼의 입장을 살펴보자. 쿠팡, 네이버와 같은 이커머스 쇼핑 플랫폼 사업자들은 개인셀러나 소상공인, 중소 브랜드들이 어떤 것을 어려워하는지 너무 잘 이해하고 있다. 예를 들어 일단 워드프레스나 쇼피파이 등의 웹사이트 빌더 서비스에 대해서 학습하고 이를 활용하여 자사몰을 구축한다. 그 다음 사용자를 모으고 상품과 서비스를 인식시켜 이용하도록 한다. 이러한 일련의 이커머스 시스템을 구축 및 활용하기 위한 과정을 하나부터 열까지 직접 구성하다보니 굉장히 귀찮고 번거로우며 경우에 따라서는 매우 어렵기까지 하다는 것을 말이다.

 그렇기에 플랫폼 사업자들은 당연하게도 당신이 그들의 플랫폼에 입점하면 얼마나 쉽고 편리하게 이커머스를 할 수 있는지를 어필한다. 즉 다른 것들은 플랫폼에서 다 준비할 테니, 당신은 오직 상품을 마케팅하고 판매하는 데에만 집중하라고 설득한다. 그들의 플랫폼에 입점하면 얼마나 많은 소비자들을 쉽게 만날 수 있는지, 그리고 판매 활동을 하면서 제공받을 수 있는 부가 혜택이 얼마나 다양한지 제시하면서 상품 판매를 유도한다. 그들은 왜 대체 개인 셀러, 소상공인, 중소 및 대형 브랜드가 자신들의 플랫폼에 입점하고, 상품을 판매하길 원하는 것일까?

 플랫폼은 결국 사람을 모으는 것이 핵심인 비즈니스 모델이다. 더욱 많은 신규 사용자를 모으면서도 기존 사용자의 이탈을 막으려면 어떻게 해야 할까? 사용자들의 선택지가 많고, 해당 플랫폼 안에서 원하는 것을 모두 찾을 수 있을수록 이탈할 확률이 적어진다. 따라서 플랫폼 사업자의 입장에서는 다채로운 셀러들이 자신들의 플랫폼에 많이 입점되어 있을수록 사용자들에게 다양한 혜택을 제시하기가 유리하다. 이런 방식을 통해 플랫폼의 영향력을 더욱 공고히 하는 것이 그들의 생존 방식인 것이다. 즉 사용자도, 셀러도, 브랜드도 모두 자신들의 플랫폼에 종속되도록 하는 것이다.

 다음으로 셀러 및 브랜드의 입장을 정리해보자. 업종마다, 상품과 서비스마다 차이는 있을 수 있겠지만, 셀러나 브랜드가 원하는 것은 결국 온라인의 수많은 사용자들이 자신의 상품이나 서비스를 '인식-선택-구매-사용-만족-애용'하는 방식으로 원활한 상호작용을 통해 매출을 늘려나가는 것이다. 여기에 더해 재구매율을 높여서 궁극적으로는 충성도 높은 고객을 만들어내고자 한다. 그러면서도 앞서 설명한 과정을 거치는 동안 너무 많은 시간, 비용이 소요되거나 성과에 대한 불확실성이 크거나 리스크가 높은 경우와 같은 위험요소는 최소이기를 바란다. 십중팔구는 적은 시간과 비용으로도 효율적으로 많은 사용자와 접점을 형성함으로써 나의 상품과 서비스를 이용하는 고객으로 쉽게 전환되길 원한다.

화장품 제조에 전문성이 있는 제조사가 이커머스를 활용하여 상품을 판매하는 경우를 가정해보자. 이미 제조 단계에서부터 원료 수급, 배합, 제작, 용기 등 신경 쓸 것이 너무나 많은데 익숙지 않은 이커머스를 활용하는 것은 매우 부담스러울 것이다. 이에 따라 자연스레 쉽고 효과적인 이커머스 방식을 찾게 될 것이다. 이용이 상대적으로 쉬울 뿐만 아니라 셀러와 브랜드에게 제공되는 각종 혜택까지 활용할 수 있다면, 그들 입장에서는 플랫폼에 충성도가 높기까지 한 수많은 고객층을 만날 기회를 잡지 않을 이유가 없다. 게다가 다양한 지원과 혜택을 받으면서 이커머스 비즈니스를 시작하는 것이라 더할 나위 없이 좋은 기회라고 생각할 수 있다.

하나 더 쉬운 예를 들겠다. 이미 오랜 기간 형성되고 자리를 잡아 항상 붐비는 유명한 먹자골목에서 당신이 자리를 하나 맡아서 야채튀김을 판다고 생각해보자. 먹자골목 운영자들과 관계를 잘 형성하여 다른 튀김집보다 좋은 자리를 받아야 할 것이다. 그리고 오가는 사람들에게 맛있는 냄새가 나게 하든, 먹음직스럽게 보이게 하든, 직접 소리쳐 설득을 하든 어떻게든 알려서 그들의 선택을 받아야 하는 것이다. 여기서 당신은 '먹자골목에 사람들을 몰고 오는 것'에 대해서는 전혀 걱정할 필요가 없다. 그저 최선을 다해 열심히 판매하고, 자릿세 등 각종 비용과 수수료를 먹자골목 운영자들에게 지불하면 된다. 고객들에게 내 상품을 돋보이게 하는 것이 가장 중요하며, 고객 유치에 대한 사항은 먹자골목 운영자들이 적절한 홍보를 통해 해결해줄 것이라는 믿음을 가지면 되는 것이다. 만약 그들이 사람들을 많이 몰고 와주지 않는다면? 당신은 그곳에 있을 이유가 없어진다.

이렇듯 상호 이해관계가 맞으면 이커머스를 활용하고자 하는 신규 셀러와 브랜드들은 높은 확률로 본인들에게 잘 맞는 이커머스 플랫폼에 입점하게 될 것이고, 플랫폼은 그러한 신규 상품 및 서비스들을 플랫폼 이용자들에게 선보이며 더욱 다채로운 선택지를 제공함으로써 영향력을 강화할 수 있는 것이다. 뿐만 아니라 입점한 셀러와 브랜드는 플랫폼에 이미 구축된 각종 도구를 활용하여 상품을 등록·판매·배송·관리하면 되고, 그 대가로 일정 비용을 플랫폼에 지불하여 서로 만족스러운 결과를 도출할 수 있다.

만약 당신이 이커머스에 대한 경험이 없거나 적고, 어디에서부터 시작해야 할지 모른다면 당연히 이러한 플랫폼의 도움을 받아 상대적으로 수월하게 이커머스를 통한 매출과 수익을 발생시킬 가능성이 높다. 때문에 국내의 수많은 초보 셀러와 소상공인, 중소기업이 상대적으로 위험부담이 적고 편리하게 운영 가능한 이커머스 플랫폼을 통해 해당 플랫폼 이용자를 상대로 마케팅과 판매하기를 선택하는 것은 자연스러운 일이다.

여기까지만 보면 글로벌이니 쇼피파이니, 필자진이 중점을 두어 설명할 내용과 관계없이 국내 플랫폼만 잘 활용하면 성공적인 이커머스 비즈니스가 가능할 것이라 생각할 수도 있다. 물론 좋은 방법 중 하나일 수도 있다. 그렇지만 필자진이 그간 경험한 것들을 바탕으로 보면, 그것이 최선의 방법은 아닐 수 있다. 앞서 설명했듯 국내에서 이커머스를 활용하여 다년간 꾸준히, 각종 문제를 해결하며 안정적으로 비즈니스를 영위하는 것은 생각보다 쉽지 않다. 그럼 당연히 누군가는 의문이 생길 것이다. 과연 글로벌 이커머스는 무조건 지속 가능하고, 탄탄한 수익이 발생한다는 말인가?

지금 다시 비즈니스를 시작하라고 해도, 망설임 없이 또 글로벌 이커머스를 할 겁니다

당신은 셀러나 브랜드들이 쉽고 부담스럽지 않은 방식으로 이커머스를 시작할 수 있게 된 플랫폼 비즈니스 모델이 어디에서 비롯되었는지 알고 있는가? 또는 쿠팡의 롤 모델이 무엇인지 알고 있는가? 그렇다. 바로 미국의 온라인유통 대기업 '아마존(Amazon.com)'이다.

아마존은 1994년 제프 베이조스(Jeff Bezos)가 전 세계의 모든 책을 온라인으로 판매하기 위해 온라인 서점을 만든 것을 시작으로 하여 지금은 북미 마켓플레이스(Amazon.com)에 가입되어 있는 회원(프라임) 수만 2022년 2분기 기준으로 이미 2억 명을 넘어선 역대급 플랫폼이다. 아마존의 회원들은 플랫폼에서 판매되는 제품 중 1억 개 이상을 미국 내에서 단 이틀 만에 배송비 없이 받아볼 수 있는 아마존만의 배송물류 시스템(FBA, Fulfillment by Amazon) 혜택을 누릴 수 있다. 아마존이 이러한 시스템을 구축하기 전까지는 미국 내에서 무언가를 아무리 빠르게 배송한다고 해도 통상 5~7일 이상 소요되었다는 것을 감안한다면, 이것은 말 그대로 엄청난 혁신이었다. 이에 따라 사용자들의 인식도 달라져서 배송기간이 5일 이상 걸려도 불만 없이 상품을 수령하던 미국인들이 이제 빠른 배송을 선호하도록 변화하고 있다.

아마존이 이커머스 분야에서 이룬 업적은 말하자면 입이 아픈 수준으로 어마어마하다. 특히 제품을 수령한 후에 실제로 사용하더라도 30일 이내에 환불을 해주거나, 특가 프로모션을 열어 엄청난 할인 혜택을 주는 등 절대적으로 소비자 친화적인 플랫폼으로 진화를 해왔다. 때문에 수많은 사용자들이 기꺼이 아마존에서 상품을 구매하게 되었고, 이 플랫폼에 '종속된' 소비자가 급증하게 된 것이다. 하지만 너무나 소비자 친화적인 정책 탓에, 아마존에 입점한 여러 셀러나 브랜드 입장에서는 아마존의 수많은 잠재 고객들을 만나서 자신들의 상품 및 서비스가 선택될 확률은 높지만 비즈니스를 지속 가능하게 유지하기에는 애로사항이 많이 존재했다. 아마존에 지불해야 하는 각종 비용과 많은 반품 및 환불 횟수, 여기에 판매자들 간의 치열한 경쟁까지 더해지면서 높은 광고비를 지불해야 했고, 매출은 발생하는데 막상 수익은 낮거나 역마진을 보는 등 운영상 문제가 생길 확률이 높았다. 즉 아마존과 같은 거대 플랫폼을 이용한 글로벌 이커머스라고 해서 무조건 좋은 것만은 아니라는 것이다.

국내에서도 이와 유사하게 셀러 및 브랜드의 운영상 문제가 생길 확률이 높다. 국내 이커머스 플랫폼 사업자들은 그들의 정책이나 운영 방식을 글로벌 이커머스 플랫폼인 아마존(Amazon), 이베이(eBay) 등을 벤치마크하여 운영·진화해왔다고 볼 수 있을 만큼 유사한 서비스를 제공한다. 예를 들어 쿠팡 역시 아마존과 마찬가지로 빠른 배송 시스템(로켓)을 구축하고 소비자 친화적인 정책을 펼치고 있으며, 각종 프로모션이나 할인 혜택을 통해 압도적으로 많은 국내 사용자가 '종속된' 상태이다. 그러나 경쟁 셀러

간의 치열한 할인 경쟁, 약 2개월이 소요되는 느린 정산주기 등으로 인해 쿠팡에 입점된 셀러와 브랜드가 운영에 어려움을 겪을 수도 있는 것이다.

정리하자면 국내 이커머스라고 해서 무조건 좋지 않은 비즈니스 모델이라고는 할 수 없고, 글로벌 이커머스라고 해서 꼭 성공하는 방식이라고는 할 수 없다. 앞서 플랫폼을 활용한 국내와 글로벌 이커머스의 일부 측면을 설명한 이유는 당신이 이커머스의 여러 형태와 장단점을 어느 정도 인지한 상태에서 앞으로 서술할 글로벌 이커머스를 잘 이해하도록 돕기 위함이다. 즉 "필자진의 경험상 글로벌 이커머스만이 최선이니 무조건 하세요."라는 뜻으로 받아들이는 것이 아니라, 당신이 지속 가능하고 성공적인 이커머스 비즈니스를 영위하고자 한다면 글로벌 이커머스를 하는 것이 최선의 선택이라고 스스로 인식하고 자의적으로 선택할 수 있어야 한다.

대체 우린 왜 글로벌 이커머스, 쇼피파이에 매료되었을까?

쇼피파이라는 도구를 소개하고 이것을 통한 글로벌 이커머스를 추천하는 가장 큰 이유는 '의존적이지 않기 때문'이다. 아마존, 이베이, 쿠팡, 네이버 등 플랫폼을 통한 이커머스 비즈니스는 앞서 살펴본 바와 같이 장단점이 공존한다. 그러나 우리가 강조하는 하나의 실제 사업체로서 '지속 가능한 비즈니스 모델과 안정적인 수익화'라는 것은 특정 플랫폼에 의존함으로써 그들이 당신의 비즈니스를 뒤흔들 수는 없어야 한다.

최근 티메프 사건에서도 알 수 있듯이 플랫폼 사업자 역시 망할 수 있고, 해당 플랫폼의 소비자가 갑자기 말도 안 되게 줄어들 수도 있고, 어느 날 갑자기 당신의 상품이나 서비스가 플랫폼에 의해 차단될 수도 있다. 당신이 플랫폼에 입점하는 순간부터 이 모든 변수들에 대한 주도권은 당신에게 있지 않고 플랫폼에 있는 것이다. 본 책에서 소개하는 쇼피파이라는 도구를 이해하면 더 이상 '종속되지 않을 수 있고, 의존적이지 않을 수 있는' 이커머스 비즈니스를 할 수 있다. 그것도 대한민국의 몇 배나 되는 글로벌 사용자들을 대상으로 하는 것이 필자진이 권장하는 방식이다.

한국의 이커머스 비즈니스 모델보다 앞서 가고 있는 글로벌 이커머스 비즈니스 모델은 코로나 이후 소위 '대통합'의 시대로 가고 있다. 즉 특정 플랫폼에 종속되어 이커머스를 운영하는 것이 아니라, 온라인상의 수많은 소비자들과 알맞은 접점을 형성할 수 있도록 서비스와 서비스를 연결하는 개념이다. 이를 통해 상품과 서비스를 보다 효율적으로 인식시키고 이용하도록 유도하여 다채로운 수익 채널을 구축함으로써 보다 안정적인 운영이 가능해지게 된다.

구체적으로 이야기해보자. 2024년 8월 현재, 대한민국에서 이커머스를 하기 위해서는 쿠팡, 쓱닷컴, 올웨이즈, 네이버, 카카오와 같은 이커머스 플랫폼에 입점하는 방식, 카페24, 아임웹, 고도몰과 같은 자사몰 서비스로 자사 웹사이트를 만들어 운영하는 방식, 페이스북, 인스타그램 샵, 유튜브 샵과 같은 소셜스토어를 활용하는 방식 등 아주 다양한 방식이 존재한다. 하지만 아쉽게도 이러한 서비스들이 하나로 통합된 이커머스 시스템을 구축하는 것은 여전히 국내에서는 아직 어렵고 복잡한 일인 것 같다. 물론 원한다면 자바스크립트, php, C언어 등 개발코드를 만들 수 있는 전문 개발자의 도움을 받아 구축할 수 있겠지만, 이것 역시 누군가에게 다시 의존하는 것이 된다. 해당 개발자가 더 이상 관여하지 않게 되면 그때부터 운영이 불가능해질 수 있다.

반면 글로벌 서비스인 쇼피파이와 글로벌 이커머스의 환상적인 조합은 바로 이 '통합' 부분에서 특히 빛을 발한다. 쇼피파이를 활용하면 전문적인 개발자 없이도 수많은 서비스와 서비스를 클릭 몇 번으로 연결하고 통합하여 운영 및 관리할 수 있다. 이미 해외의 수많은 초보 셀러나 브랜드들은 이 기능을 활용하여 많은 목표를 달성하고 있다. 아마존에 올려둔 제품을 틱톡에서 판매하기도 하고, 틱톡에 올려둔 제품을 인플루언서를 통해 판매하여 수수료 자동정산을 해주기도 한다. 쇼피파이 자사몰에 올려둔 제품을 틱톡, 아마존, 이베이, 엣지, 페이스북, 인스타그램, X, 유튜브 등 수많은 곳에 연동하여 판매할 수도 있다. 심지어 고객 데이터를 기반으로 쇼피파이에 올려둔 상품을 오프라인 매장에서 픽업해가도록 하는 등 오프라인과 온라인의 통합도 가능하다. 이 모든 기능이 단지 클릭 몇 번으로 되는 쇼피파이의 시대에 우리는 살고 있는 것이다.

여기서 슬픈 사실은 인터넷과 스마트폰 보급률이 세계 최고 수준인 대한민국에서, 그것도 '이커머스 좀 한다'는 셀러, 브랜드, 기업들도 이 통합적인 이커머스 시스템을 제대로 활용하지 못하고 있는 경우가 많다는 것이다. 대통합의 시대로 가고 있는 글로벌 이커머스에 대해서 제대로 파악하지 못하고 있어서거나 또는 여전히 글로벌 이커머스를 알 수 없는 미지의 영역으로 여겨서일 거라고 생각한다.

이 책을 통해 필자진은 이커머스에 관심이 있고, 이를 통해 원활한 비즈니스 모델을 구축하고자 하는 이들에게 쇼피파이와 통합형 글로벌 이커머스에 대해서 자세히 안내하고 글로벌 시장을 두드릴 수 있는 가이드를 제시하려 한다. 같은 시간과 비용, 노력을 투자했을 때 글로벌 시장에 존재하는 더욱 많은 사용자 수, 다채로운 사용자 접점, 훨씬 간편하고 손쉬운 통합형 이커머스 도구를 통해 국내 이커머스를 하는 것보다 어렵지 않게, 원하는 목표 이상의 성과를 달성할 수 있음을 자신 있게 말한다. 구글의 제미나이(Gemini)와 오픈AI 챗지피티(ChatGPT) 등의 등장으로 글로벌 이커머스에서의 언어적인 어려움은 상당 부분 해소가 된 상황에서 글로벌 소비자와 상호작용을 하지 못할 이유는 더 이상 없다.

그렇다면 대체 어떻게 쇼피파이로 글로벌 이커머스 비즈니스 모델을 구축해나가야 하는 것일까? 우선 글로벌 소비자들의 성향과 패턴, 트렌드를 이해해야 한다. 이를 위해서 무턱대고 시작하기 전에, 이 책에서 소개하는 다양한 조사를 바탕으로 한 사업 아이디어 발견, 상품의 소싱 등에 대해서 최대한 잘 이해하는 것에 시간과 노력을 많이 기울이길 바란다. 반드시 현지에 방문해서 현지 소비자를 이해할 필요는 없다. 온라인상에서 확인할 수 있는 여러 소비자 데이터를 통해 특정 지역, 문화, 인종 등 현지인이 어떤 기후 조건에서 어떻게 일상을 살아가고 있는지, 그들의 소비 패턴은 어떤지, 라이프사이클은 어떠한지 등 소비자에 대한 깊은 이해가 선행되어야 한다. 이 부분은 국내에서 이커머스를 할 때에도 당신의 타깃 소비자를 알아야 내용이 명확하고 뾰족하게 전달되어 설득력이 높아지는 것과 같은 개념인 것이다. 국내에서든 해외에서든, 진출하고자 하는 시장에 존재하는 모든 소비자들을 조사하는 것은 불가능하다. 따라서 초반에는 당신이 특별하게 더 잘 설득할 수 있고 당신이 제공하는 정보, 설명, 콘텐츠에 잘 반응하여 원활한 상호작용이 가능한 소비자들을 우선 공략하는 것이 중요하다.

예를 들어 당신이 30대 직장인이고, 조깅이나 러닝하는 것이 취미인 남성이라서 달리기에 관심 있는 사람들과 보다 효과적으로 소통할 수 있다고 가정해보자. 구글에서 'runners facebook'을 검색하면 페이스북 내 다양한 달리기 관련 그룹을 찾을 수 있다. 그곳에 가입하여 마치 국내의 네이버 밴드, 카페처럼 커뮤니티 활동을 하면서 현지인들이 어떠한 방식으로 달리기를 즐기고 있는지, 그들이 겪는 문제는 무엇이고 당신이 그것을 해결해줄 수 있는 아이디어가 있는지 등 수많은 현지의 최신 정보를 바로 얻을 수 있다. 이러한 일련의 활동을 통해 대상에 대한 이해도가 높아지고 그들에게 필요한 상품이나 서비스를 선보이면서 당신이 잘 알고 있는 정보를 통해 더욱 효율적으로 설득하여 원하는 성과를 내볼 수 있는 것이다. 이때 페이스북을 통한 제품 판매를 위해 쇼피파이와 연동하여 달리기에 진심인 현지인들의 간편결제 방식, 알맞은 배송 옵션 등을 선택하여 원활한 구매를 도울 수 있다. 그리고 쇼피파이에 틱톡을 연동해둠으로써 함께 뛰는 모습을 담은 콘텐츠를 페이스북, 인스타그램을 넘어 틱톡에도 업로드 해볼 수도 있다. 이를 통해 달리기에 관심 있는 또 다른 사람들이 당신의 상품, 서비스를 발견하고 상호작용할 수 있게 된다. 글로벌 이커머스는 어떤 대단한 기술이나 비법을 필요로 하는 것이 아니다. 쇼피파이라는 도구를 활용하는 법을 이해하고, 현지인들과의 상호작용을 통해 매료시키고 설득하는 법을 배우게 된다면 누구나 할 수 있는 것이다.

브랜딩 = 모든 것의 핵심

　결국 글로벌 이커머스 비즈니스 모델을 성공적으로 시작하고 지속 가능하도록 운영해나가기 위해서는 국내 이커머스를 잘해야 하는 것이 아니다. 다른 무엇보다 '브랜딩'이 중요할 수밖에 없고, 이것이 바로 성공적인 글로벌 이커머스의 선결조건이라고 봐야 한다.

　무엇이 브랜딩인가? 필자진은 당신이 이 질문에 대해서 거창하게 생각하지 않았으면 한다. 수년간 이커머스 교육과 컨설팅을 진행하며 만나온 많은 셀러와 회사들을 돌이켜보면 그중 대다수는 명확한 전략을 가지고 장기간 쌓아올리는 브랜딩보다는, 다양한 소재를 활용한 디지털 마케팅으로 판매량을 올리는 것에 집중하는 경우가 압도적으로 많았다. 즉 고객 경험설계를 바탕으로 브랜드 전략을 기획하고 브랜드가 잘 입혀진 제품을 제조하여 강력한 충성고객을 만드는 것이 최우선 순위가 아니었다. 대신 당장 성과로 나타날 수 있는 철저한 판매 위주의 마케팅 전략으로 일희일비하는, 그러다가 마케팅을 진행하지 않으면 그때부터 아무것도 일어나지 않는 형태의 이커머스 비즈니스 모델을 운영할 뿐이었다.

혹자는 적절한 마케팅 전략을 통해 많은 매출이 발생하게 되면 점차 많은 소비자들이 해당 상품에 대해서 알게 되고, 결국은 브랜드가 자리를 잡아가는 것이라고 주장하기도 한다. 물론 가능할 수 있는 이야기다. 그렇지만 판매 위주의 이커머스 전략은 대부분 브랜드의 핵심 콘셉트, 철학, 미션 등 중심점과 방향성이 제대로 잡혀 있지 않기 때문에 그때그때의 판매 성과에 따라 마케팅 소구 포인트나 중점사항이 수시로 변경되기 십상이다. 이 경우 소비자들은 상품의 기능, 특장점 등에 대해서 인식하고 구매하여 이용할 수는 있으나, 그 상품이나 서비스에 담긴 브랜드의 속성에 대해서는 인식을 하거나 공감을 하기 어려울 수 있다. 정리하자면, 필자진이 말하는 브랜딩은 판매 위주의 개념이 아니다. 브랜딩의 핵심은 당신이 온라인 상에 전달하는 메시지, 당신의 제품에 담긴 사상 및 철학과 의미에 공감하고 기꺼이 동조하는 세력을 만드는 일이다.

지금까지는 이를 위해 아주 중요한 역할을 했던 요소가 있었다. 데이터를 기반으로 객관적으로 고객을 이해하는 것, 즉 수많은 온라인의 소비자 정보를 디지털 데이터화하여 행동을 분석하고 효율을 개선하는 방식의 퍼포먼스 마케팅, 나아가 그로스해킹이 최근까지도 중요시되었다. 하지만 최근 개인정보 취급 방침에 대한 대중들의 인식이 높아지면서 활용 기준 또한 높아졌고, 개인정보 유출 사건 등을 통해 개인정보 보호의 중요성이 점차 강화됨에 따라 과거처럼 자유롭게 고객 정보를 획득하기도 어려울 뿐만 아니라 활용에도 제한이 생기고 있다.

최근 몇 년 전부터는 고객이 개인정보를 공유할지 말지를 스스로 선택할 수 있는 경우도 많아지고 있으며, 대부분은 본인들의 정보를 쉽게 공유하지 않고 있다. 게다가 판매 중심으로 돌아가는 아마존과 같은 이커머스 플랫폼을 기반으로 하게 되면 입점한 셀러, 브랜드는 플랫폼으로부터 고객 데이터를 원하는 대로 얻지 못하게 된다. 이에 따라 한창 주가를 올리던 퍼포먼스 마케팅 및 그로스해킹 분야는 최근 데이터 활용에 난항을 겪는 추세이다. 결국 셀러 및 브랜드에서 직접 고객 데이터를 수집하는 퍼스트파티 단위에서의 정보 수집이 중요하다.

고객 개인정보를 활용한 데이터 기반의 마케팅이 예전만큼의 효율을 보여주기가 어려워지면서 2024년 8월 현재, 그리고 앞으로도 브랜딩의 중요성은 더욱 더 강화될 것이다. 글로벌 이커머스 환경에서 성공적으로 비즈니스를 운영하기 위해서는 특히나 더 중요할 수밖에 없다. 그 이유를 살펴보자.

글로벌 이커머스 초창기에는 해외에서 유통되는 이국적인 상품이라면 기꺼이 경험해보고자 구매하는 사람들이 많았다. 더욱이 쇼피파이와 같이 해외제품을 통합형 이커머스 방식으로 손쉽게 소비자들에게 선보이고 판매하는 서비스들이 많아지면서 타 국가, 타 문화권의 상품들을 구매해본 경험이 있는 사람들이 현재는 아주 많다고 할 수 있다. 즉 현재 시점에 이미 남들과 똑같은 방식으로 해외에 있는 소비자들에게 이국적인 제품을 소개하는 것만으로는 이커머스를 통한 성공적인 판매 및 운영을 하기 어려운 상황인 것이다. 이에 대한 해결책이 바로 브랜딩을 하는 것이기 때문에 시간이 갈수록 그 중요성이 더 높아지고 있다.

최근 전 세계 각국의 MZ세대들이 쇼피파이를 활용하여 글로벌 이커머스 형태로 성공적인 사업을 영위한 성공비결을 들여다보자. 그들은 불과 6개월, 1년 전과도 다른 방식, 즉 브랜딩을 강화한 전략을 바탕으로 제품을 판매했다. 지금은 심지어 판매할 상품이 없는 상황에서도 브랜딩을 할 수 있으며, 오히려 브랜드에 호의적인 팬들이 스스로 원하는 상품을 요청하여 그것을 만들어 판매할 수도 있는 시대이다. 지금 이 내용이 전혀 이해되지 않는다고 해도 괜찮다. 이미 이커머스를 활용하고 있는 셀러, 브랜드들도 최신의 브랜딩 방식과 이를 통한 비즈니스 모델을 만들어가는 것에는 전문성이 떨어질 수 있다. 요즘의 디지털 브랜딩은 경험해본 사람들만 할 수 있는 방식이기 때문이다.

이러한 브랜딩을 가장 잘하고 있는 부류 중 하나를 소개해보자면 대표적으로 틱톡커, 유튜버 등 소위 '메가 인플루언서'로 불리는 이들이 있다. 이들은 본인들이 가진 장점(인간으로서의 매력과 끼), 본인들이 제작하는 콘텐츠의 매력(텍스트, 이미지 또는 영상물 형태)을 가지고 이것에 반응하고 호의를 표하는 사람들을 모을 수 있는 능력을 갖추고 있다. 어떻게 하면 사람들이 자신을 좋아하게 되는지, 어떤 콘텐츠를 사람들이 원하는지 등을 알고 있다. 타깃 청중들과 대면한 적이 없음에도 온라인상에서 자신이 하나의 브랜드로서 무엇을 어떻게 전달해야 하는지 너무 잘 이해하고 있으며, 그것을 적극 활용하는 것이다. 여기서 주목해야 할 점은 메가 급으로 성장하기 위해서 그들 역시 오랫동안 수많은 시간과 비용을 투자하여 본인들이 전달하고자 하는 콘셉트, 철학 등을 만들고 수정·보완하면서 지금에 이르게 되었다는 것이다. 이것을 다르게 표현하자면, 이 책을 읽는 당신 또한 지금부터라도 잘할 수 있는 것과 목표하는 바, 그리고 그에 호응하는 사람들을 모으기 시작한다면 이것이 브랜딩의 시작인 것이다. 부디 학문적으로 또는 브랜드 아이덴티티가 어쩌니, 콘셉트와 미션이 어쩌니 하며 스스로 복잡하고 어려운 길을 가지 않길 바란다.

글로벌 이커머스에서 쇼피파이를 활용한 브랜딩은 어찌 보면 단순하다.

그리고 단순해야 하는 것이 맞다. 당신의 브랜드몰 혹은 브랜드 스토어에 누군가가 오게 된다면 그 순간 상품도 중요하겠지만 당신이 누구인지, 왜 당신이 그러한 상품을 판매하게 되었는지, 그 상품으로 당신은 누군가에게 어떤 혜택을 주고 싶은지에 대해서 간결하고 명확하게, 특히나 직관적으로 보여줄 수 있어야 한다. 이커머스에서는 직접 상대방과 대면하여 긴 시간 진중하고 상세하게 설명할 수 없다. 평균적으로 3~10초 이내의 짧은 시간 동안 호감을 느끼게 하고 호응을 할 수 있도록 해야 한다. 여기에 집중하여 브랜딩을 해야 하는데 웹사이트에 About Us 메뉴를 만들고 그곳에 당신의 스토리를, 브랜드의 철학을 소개한다면? 100명 중 95명은 바로 '뒤로 가기' 버튼을 누를 것이다. 이것이 단순함을 강조하는 이유이다. 글로벌 이커머스 환경에서는 현지인들이 즉각 반응할 만한 이미지 소재, 짧은 영상 소재에 브랜드와 제품의 특성을 담아 임팩트 있게 짧은 시간 동안 전달하는 것이 핵심이다. 구구절절 설명하는 형태가 아닌, 정보를 담은 이미지 형태(인포그래픽, infographic)로 명확하고 심플하게 전달되어야 하는 것이다.

이커머스의 최종 목표는 사람들의 구매를 유도하는 것이므로 다양한 마케팅 수단을 통해 잠재 소비자들을 당신의 제품 페이지에 오도록 만든다. 여기서 재밌는 차이점은 국내 시장에서는 제품 페이지에서 소위 상세페이지라는 이름으로 엄청나게 긴 세로 형태의 각종 논리전개가 가득한 내용이 구성되는데, 글로벌은 전혀 그렇지 않다는 점이다. 그렇기에 국내 이커머스와 글로벌 이커머스는 방식상으로는 유사하면서도 깊게 들여다보면 매우 다를 수 있다고 표현했던 것이다.

어쩌면 이러한 이유로 국내 이커머스보다 글로벌 이커머스가 더 쉬울 수도 있다. 국내에서는 하나의 상세페이지 제작에 엄청난 공수가 들어가고 그것을 또 수정·보완하는 등 많은 시간과 비용을 들여서 '실득 커뮤니케이션의 끝판왕급' 내용을 구성하게 된다. 추가적인 시간과 비용을 들이고, 심지어 고객 리뷰까지도 작업을 해서 사실상 세뇌를 위한 포위망을 구축한다. '이래서 좋고, 저래서 좋아서 당신이 지금 꼭 써야 한다', '특별 할인', '비밀 링크' 등 별별 문구로 현혹하고 어떻게든 구매하도록 한다. 그럼에도 불구하고 구매까지 이어지는 사람들의 비율은 평균 5% 이하이다. 이것이 앞서 언급한 마케팅을 통한 판매 중심의 방식인데 효율성이 좋지는 않다. 이유는 단순하다. 애초에 이미 당신 또는 당신의 브랜드에 호감이 있는 사람들이 아니라 불특정 다수의 사람들을 대상으로 하기 때문이다.

즉 뾰족하게 타깃팅을 하는 것이 아니라 대중의 호기심을 자극하는 대량의 마케팅 메시지를 뿌린 후, 그중에서 제품페이지로 오는 사람들을 대상으로 길고 긴 상세페이지를 읽게끔 한다. 심지어 심리적 증거랍시고 거의 세뇌에 준하는 리뷰까지 준비해서 좋아 보이도록 하여, 결국은 구매하도록 하는 것이다. 물론 이 방식이 무조건 틀린 방법은 아니며 유효하게 작동하여 많은 매출을 올릴 수도 있다. 다만 이 경우 제품성이 좋지 않거나 마케팅 매체가 제대로 작동하지 않으면 지속 가능한 비즈니스 운영은 어렵다. 무엇보다 브랜딩의 관점에서는 전혀 효율적인 방식이 아니다.

앞에서 언급한 메가급 인플루언서들의 사례를 생각해보자. 그들의 팬덤인 사람들에게는 본인들이 좋아하는 사람이 연필을 팔든 속옷을 팔든, 사실 상품은 크게 중요하지 않을 수도 있다. 오히려 인플루언서들에 대한 호감과 신뢰를 바탕으로 구매를 할 수도 있다. 또는 판매된 매출을 어딘가에 실제로 기부하는 모습을 보고 여기에 호응하여 적극적으로 구매하는, 일종의 가치 소비적인 유형까지도 보일 수 있는 것이다. 이 경우 '제품이 좋으니 설명을 좀 들어 달라'거나 '혜택이 많으니 이번에 사라'와 같이 애걸복걸할 필요도 없게 된다. 인플루언서의 영향력으로 인해 소개되거나 보여지는 제품 및 브랜드가 팬덤에게 좋은 것으로 받아들여지고, 실제로 사서 써 봤을 때 경험이 좋다면 상대적으로 쉽게 재구매할 확률이 높아진다. 이것이 일종의 브랜드의 힘인 것이다.

다시 한 번 강조하지만, 쇼피파이는 온라인상에서 이러한 브랜딩을 하기에 최적화되어 있는 서비스이다. 필자진이 오랜 기간 사용하여 여러 브랜드를 구축해왔으며, 그 결과 또한 최고임을 밝힌다. 당신이 단순히 제품 판매자가 아니라 브랜드를 다룰 수 있는 사람이 되었으면 한다. 정리하자면, 위에서 언급한 것처럼 내가 추구하는 바와 전달하는 메시지에 가장 잘 부합할 수 있는 타깃 소비자를 명확히 파악해야 하며, 디지털 콘텐츠를 잘 기획하고 제작할 수 있는 능력이 무척이나 중요하다.

모든 일에는 우선순위가 있다. 당신이 지속 가능하고 안정적인 수익을 확보할 수 있는 방법을 찾고자 한다면 사람들이 좋아할 수 있는 디지털 콘텐츠를 기획하고 제작하는 능력을 길러야 한다. 만약 제작까지 하는 것이 너무 어렵다면 이 부분은 잘하는 사람에게 외주를 주어도 상관없다. 당신이 브랜딩에 대한 명확한 기준과 중심이 잡혀 있다면 말이다. 브랜딩을 하고자 한다면 적어도 당신의 핵심고객은 누구여야 하는지, 그들은 어떤 점에 열광하는지, 당신은 어떻게 그것을 제공할 수 있는지 등에 대한 심도 깊은 고민과 성찰을 통해서 알맞은 콘텐츠를 기획하는 것만큼은 꼭 직접 하기를 바란다. 번거롭고 어렵더라도 어느 정도 안정적인 수준의 매출 규모가 될 때까지는 직접 하는 것이 가장 바람직하다고 본다.

콘텐츠 기획을 위해서는 그 콘텐츠를 가장 잘 만드는 셀러나 브랜드의 결과물을 자주 살펴보고 최대한 분석하여 벤치마크하는 방법을 추천한다. 언젠가는 당신만의 방법과 노하우를 찾게 되겠지만, 처음에는 많이 보고 분석하며 최대한 비슷하게 풀어내봐야 한다. 메타 광고 라이브러리와 같은 다양한 콘텐츠 공유 서비스를 통해 다른 셀러나 브랜드들의 디지털 콘텐츠를 볼 수 있으니 적극 활용하기를 바란다.

희소성의 원칙을 활용한 커뮤니티 활용법이나 이커머스 브랜딩의 여러 노하우를 다 설명하기에는 본 책의 중점사항이 쇼피파이 활용을 위한 기본 내용들의 전달이기 때문에, 브랜딩에 대한 보다 자세하고 실무적인 이야기는 향후 기회가 되면 좀 더 자세히 풀어내겠다. 글로벌 시장과 해외 소비자에 대한 부담을 버리고, 넓고 다양한 세상과 수많은 잠재 소비자를 향하여 시야를 넓힘과 동시에 쇼피파이를 통한 통합형 이커머스로 기회의 문을 활짝 열기를 다시 한 번 강조한다. 여기에 더하여 브랜딩에 대해서 지속적으로 생각하고 연구함으로써 나에게 가장 적합한 방법으로 사람들을 모으고, 그들이 호감을 가질 수 있도록 콘텐츠를 기획·제작하여 상호작용하는 데에 최선을 다하길 바란다. 이러한 노력들이 하루하루 쌓여가다 보면 결국 필자진이 "글로벌 이커머스와 브랜딩이 최선이다."라고 했던 말의 결과를 직접 성취할 수 있을 것이라 확신한다.

컨설팅을 진행하는 저자진

제 2 부

세상에서 가장 쉬운 나만의 브랜드 스토어 만들기

CONTENTS

1장	시장 이해하기
2장	주요 타깃 고객층 설정
3장	사업 아이디어 발견 및 제품 선택
4장	브랜드 기획 및 디자인 – 로고 및 디자인, 테마 컬러 선택
5장	웹사이트 구축 및 설정 Tutorial

이번 파트는 반드시 집중해야 한다. 다음 파트로 넘어가면 세상에서 가장 쉬운 나만의 브랜드 스토어를 만드는 것에 그치지 않고 나의 아이디어, 사업아이템, 구조 등을 전 세계인들과 소통하며 시험 무대에 오를 수 있는 본격 '비즈니스'가 시작된다. 여기에서 다지기가 되어 있지 않으면 아무것도 할 수 없다. 본 파트에서 다룰 주제는 다음과 같다.

- **시장조사:** 이제 국내에서 통용되는 네이버는 잊자. 필자진도 당연히 국내 비즈니스에서는 네이버를 애용하고 있다. 하지만 우리가 이 책에서 다룰 구조는 글로벌 이커머스임을 다시 한 번 생각해보자. 검색엔진의 알고리즘은 검색자의 데이터를 수집하고, 그 해당 검색자가 가장 알맞다고 생각하는 정보를 클릭하는 것을 기반으로 검색창에 INDEXING(색인 작업)을 하는 것이다. 그렇다면 전 세계인의 0.4%가 사용하는 네이버에 더 정보가 많을지, 92%가 사용하는 구글이 더 정확할지는 여러분들의 상상에 맡기겠다(수치 데이터는 시기에 따라 변동이 있을 수 있음). 우리는 구글을 기반으로 또는 다른 해외의 플랫폼을 기반으로 어떤 정보를 찾아야 블루오션을 발견할 수 있을지, 혹은 레드오션 중에 niche(틈새시장)를 발견할 수 있는지, 우리는 어떤 경쟁 속에서 사업을 해야 할지 정확하게 인지한 채 시장 진입을 해야 한다.

- 쇼피파이 만들기: 제목대로 가장 쉽게 글로벌과 소통할 수 있는 얼굴(스토어)을 만드는 방법에 대해서 설명하겠다. 필요한 건 여러분들의 집중력뿐이다. 홈페이지를 어떻게 만들지, 브랜드는 어떻게 만들어야 할지, 운·배송과 스토어의 기능은 어떻게 해야 하며 나라별로 다른 세금은 어떻게 설정할지 등에 대해서 하나하나 짚어볼 예정이다. 반드시 이것들에 대한 이해가 된 채로 다음 파트로 넘어가야만 시장조사 → 소싱 → 스토어 만들기 → 마케팅 및 판매 → 자동화 전략을 깨우칠 수 있다.

"이커머스를 위한 브랜드몰을 한 번도 만들어본 적이 없는데 어떻게 하죠?" 당연히 이렇게 질문할 것이다. 하지만 걱정 마시라. 쇼피파이의 위대함을 다시 한 번 느낄 수 있는 지점이 바로 여기다.

첫째, 쇼피파이는 테마라고 부르는 '틀'을 제공한다. 물론 무료 테마와 유료 테마가 나뉘어져 있다. '테마 스토어' 페이지에서는 전 세계에서 통용되는, 카테고리별 소위 '잘.나.가.는.' 레이아웃을 벤치마킹하고, 이것을 내 스토어에도 접목할 수 있도록 도와준다.

둘째, 스토어 운영에 있어 필요한 거의 모든 기능은 쇼피파이 앱스토어(Shopify App Store)에서 테마스토어와 마찬가지로 무료 또는 유료로 설치 및 활용할 수 있다. 개발을 모르는 여러분들에게 희소식인 기능이다. 페이지를 수정할 때도, 상품을 소싱할 때도, 운·배송을 할 때도, 마케팅을 할 때도 대부분의 기능이 이 앱스토어에서 간단한 앱 설치만으로 이루어지도록 되어 있다.

본격적으로 스토어를 위한 준비에서부터 스토어 만들기에 이어 완성까지 진행하도록 하겠다.

1장

시장 이해하기

올바른 시장조사는 비단 드롭쉬핑이라는 비즈니스뿐만 아니라 어떤 시장에 도전하든 필수적인 과정이다. 이 과정에는 당연히 시간과 비용이 필요하며, 이커머스에서 시장조사가 필요한 이유는 다음과 같이 명확하게 말할 수 있다.

(1) 타깃 오디언스(고객)에 대한 깊은 이해

타깃 오디언스를 이해하는 것은 새로운 제품 아이디어를 구상하고, 성공적인 마케팅 전략을 개발하며, 전환율이 높은 카피를 작성하는 데 중요하다. 우리 브랜드와 제품의 페르소나는 고객의 요구를 직접적으로 충족시킬 수 있도록 도와준다. 그리고 그들의 특징이 무엇인지 명확하게 이해할 수 있다. 타깃 시장의 인구통계학적 정보를 아는 것도 중요하지만, 그것만으로는 충분하지 않다. 타깃 고객이 누구인지 아는 것 외에도 그들이 무엇을 생각하고 느끼며 어떤 것에 가치를 두는지를 이해해야 한다. 온라인 시장조사는 고객의 구매를 유도하는 그들 내부의 구매 동기, 요인을 탐구하는 데 도움이 된다.

(2) 고객 행동 이해

타깃 고객이 온라인에서 어떻게 구매를 하는지 이해하면 웹사이트의 사용성을 개선하고, 더 나은 고객 경험을 제공할 수 있다. 구매 여정에서 고객이 느끼는 불편함을 해결하지 못한다면 지속적으로 고객 만족도를 감소시키고 장바구니에서 구매 포기, 추가 판매 기회 상실 등의 결과를 가져온다. 온라인 시장조사는 고객이 불편함을 느끼는 이러한 지점과 구매 방해 요소를 식별하는 데 도움이 된다. 이 지식을 사용하여 고객의 구매 여정을 단순화하고, 제품 검색을 용이하게 하며, 전환율을 개선할 수 있다.

(3) 새로운 비즈니스 기회 모색

글로벌 이커머스 시장에 도전한다면 위험을 분산시키고 기업과 브랜드의 성공 가능성을 더 높일 수 있다. 시장조사를 통해 신제품 개발과 글로벌 판매, 구독 서비스 제공, 파생된 새로운 비즈니스 모델 등에 대한 인사이트를 얻을 수 있다. 이렇게 숨겨진 기회까지 발견할 수 있는 과정이 바로 시장조사이다.

구글 검색엔진 결과 화면(SERP) 활용 단계별 시장조사 &경쟁사 분석

SERP 분석이란 무엇인가?

SERP 분석은 특정 키워드에 대한 검색 엔진 결과 페이지(SERP)를 분석하여 특징, 경쟁자, 키워드의 난이도를 파악하는 과정이다. 경쟁자 분석을 심화하기 위해서도 SERP 분석을 수행할 수 있다. SERP 분석을 통해 다음과 같은 요소들을 살펴보며 시장 환경을 더 잘 이해할 수 있다.

[STEP 1] Google SERP와 사용자 의도

우리의 주요 타깃 고객이 사용하는 키워드를 이해하는 것만으로는 충분하지 않다. 트래픽을 유도하려면 해당 키워드의 검색 의도를 이해해야 한다. 이 과정은 검색하는 사람이 무엇을 찾고 있는지 이해하기 위해 그들의 마음속에 들어가는 것을 의미한다. 타깃 키워드를 구글에 검색하면 검색 의도 파악을 시작할 수 있다. 먼저 구글에서 'moisturizer(수분크림)'를 검색해보겠다.

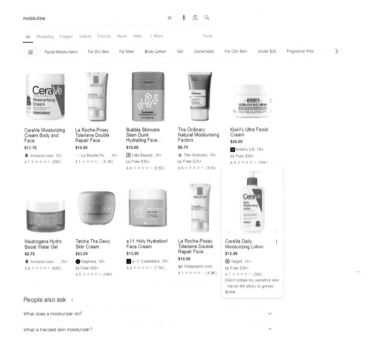

검색 결과 화면에서는 수분크림을 구매할 수 있는 '구글 쇼핑'이 가장 먼저 표시된다. 이후에 'People also ask' 부분이 나오면서 사람들이 많이 하는 질문이 표시된다. 이것은 구글이 'moisturizer'를 검색하는 사람들의 검색 목적이 상품을 구매하는 것이라고 판단한다는 것을 보여준다. 비교를 위해서 'best men's face moisturizer'를 검색해 보도록 하자. 이 화면에서는 'GQ'라는 남성 잡지 사이트에 있는 '남성을 위한 최고의 수분크림'에 대한 콘텐츠 페이지를 노출시키고, 'Reddit'이라는 미국의 소셜미디어에서 누군가의 질문에 대한 답변 페이지를 표시한다. 이는 해당 키워드를 검색하는 사람들은 남성을 위한 수분크림을 구매하려고 하는 사람들보다 '어떤 수분크림이 남성에게 더 적합한지'에 대한 정보를 검색하려는 사람들이 더 많다고 구글이 판단하고 있음을 보여준다. 그러므로 우리는 검색 엔진 결과 화면을 보고 'moisturizer' 처럼 쇼핑성 키워드인지, 'best men's face moisturizer' 처럼 정보성 키워드인지를 판단할 수 있다. 만약 정보성 키워드라면 마케팅과 관련하여 이러한 키워드를 토대로 콘텐츠를 만들 수도 있다.

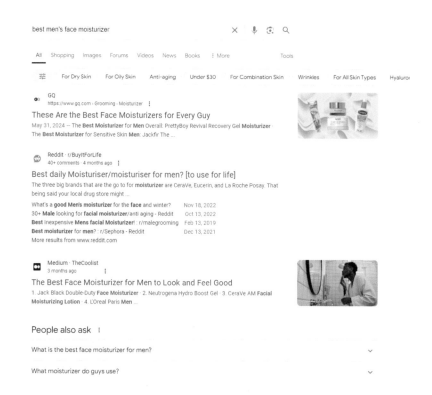

[STEP 2] 검색 의도를 바탕으로 키워드 조사

검색 의도를 파악했다면, 이제 키워드 조사를 시작해야 한다. 키워드 조사는 타깃을 명확하게 하고 목표로 하는 오디언스에 도달할 수 있도록 도와준다. 이를 위해서 해야 할 일은 다음과 같다.

- 타깃 키워드, 용어 목록 작성
- Google Keyword Planner와 같은 도구를 사용하여 연관 키워드 찾기
- 지리적 키워드를 포함한 지역 기반 키워드 조사
- 현재 키워드 SERP 성과를 모니터링하기 위해 Google Search Console을 사용하여 클릭 수, 노출 수, 게재 순위와 같은 관련 데이터를 확인

[STEP 3] 경쟁사 분석

키워드 조사를 완료한 후에는 경쟁사를 고려하는 것이 중요하다. Ahrefs나 Semrush와 같은 SERP 분석 도구를 사용하여 다음을 수행해야 한다.

- 타깃 고객이 주로 구매하는 경쟁자를 찾아내야 한다. 또한 고객에게 주요 경쟁 사이트 목록을 요청할 수 있다. 이것은 특히나 중요한데, 고객들이 알고 있고 이용하고 있는 경쟁자가 우리가 조사한 키워드와 다른 타깃 키워드를 가질 수 있기 때문이다. 이 과정을 통해 우리가 추가로 이용해야 할 새로운 키워드를 발견할 수도 있다.
- 키워드 난이도를 평가한다. 우리가 타깃으로 설정한 일부 키워드는 경쟁이 치열하여 SERP에 표시되기 어려울 수 있다. 이 경우 경쟁이 덜한 키워드나 구매전환 확률이 더 높은 롱테일 키워드에 집중해야 한다. 예를 들어 '건성피부를 위한 수분크림'과 같은 키워드는 '수분크림'보다 경쟁이 적을 수 있다. 그러나 구매전환 확률이 더 높으며, 더 나은 SERP 결과를 얻을 수 있다.
- 경쟁자의 백링크(다른 웹사이트가 자신의 웹페이지로 연결되는 링크로, 검색 엔진에서 해당 웹사이트의 신뢰도와 권위를 높이는 데 중요한 역할)를 검토하여 얼마나 신뢰도와 권위가 있는지 파악해야 한다. 이를 통해 경쟁자의 인지도와 그들의 웹사이트로 연결되는 링크 구조를 파악할 수 있으며 우리의 링크 빌딩 전략에 대한 인사이트를 얻을 수 있다.

- 경쟁자의 광고 카피, 블로그 게시물, 랜딩 페이지 등 경쟁자의 콘텐츠를 전부 살펴보고 평가하는 과정이 반드시 필요하다. 이 연습을 통해 경쟁자의 타깃 오디언스를 이해함으로써 고객을 위한 독특한 콘텐츠 차별화 포인트를 만들 수 있다.

[STEP 4] 고객 전략 개선

SERP 분석 결과를 통해 마케팅 전략을 개선할 수 있다.

- **콘텐츠 최적화:** 최상의 결과를 위해 SEO의 모든 핵심적인 요소가 적절한 위치에 포함되어 있는지 확인한다([예] 메타 설명 및 페이지 제목).
- **검색 의도와 고객의 전체 구매 여정을 고려한 콘텐츠 생성:** 올바른 유형의 언어를 사용해야 한다([예] 정보성 의도에는 'how to', 거래성 의도에는 'buy now'). 또한 다양한 키워드를 통합하고, 덜 경쟁적인 키워드를 선택하며, 새로운 키워드를 찾아 특정 키워드에 의존하지 않는 전략을 사용해야 한다.
- **웹사이트 사용자 경험 개선:** 높은 이탈률을 방지하기 위해 웹사이트의 로딩 시간을 빠르게 하고, 모바일 반응성을 좋게 하며, 모든 사용자가 접근할 수 있도록 해야 한다.
- **지속적인 경쟁자 분석:** 정기적으로 SERP 순위, 새로운 경쟁자의 등장, SEO 성과를 모니터링한다. 필요한 SERP 분석 단계를 세분화해서 반복하는 방법을 사용할 수 있다.

구글 트렌드 활용
시장조사

Google Trends 활용 시장조사 & 경쟁사 분석

시장조사를 통해 잠재 고객들이 원하는 것을 깊이 이해하고 싶지만, 어디서 시작해야 할지 막막할 수 있다. 이럴 때는 Google Trends를 활용하자. 상세한 시장조사를 수행할 수 있고 소비자 트렌드를 이해하는 데 매우 유용한 도구가 될 수 있는 것이 Google Trends이다. 이 도구를 활용하면 소규모 비즈니스부터 대기업에 이르기까지 구매자들의 행동 패턴을 발견하고, 타깃 고객을 더 세분화하며, 마케팅의 방향을 설정할 수 있다.

Google Trends를 사용하여 업계의
인기 주제 및 추가 키워드 찾기

Google Trends는 내가 속해 있는 비즈니스 분야에서 내가 놓치고 있거나 알아차리지 못한 인기 있는 주제를 발견하는 데 유용한 도구이다. 다음은 관련 분야의 인기 주제와 검색어를 식별하는 방법이다.

[STEP 1] trends.google.com을 방문하여 탐색 부분을 클릭한다.

[STEP 2] 타깃 국가를 선택한다.

특정 국가, 주 또는 도시까지 확대할 수 있다. 그리고 분석하고 싶은 기간을 선택한다. 더 넓은 산업 동향을 파악하려면 더 긴 기간을 선택할 수 있다. 최근 주제나 검색어에 관심이 있다면 더 짧은 기간을 선택할 수 있다. 그 다음, 자신의 분야와 일치하는 카테고리를 선택한다. 예를 들어 뷰티 분야에 있다면 '미용&건강' 카테고리를 선택하면 된다.

검색어 추가

[STEP 3] 이제 검색 주제와 검색어를 살펴봐야 한다.

특히 '급상승' 섹션에서 관련이 없어 보이는 항목이 보일 수 있기 때문에 인기 섹션으로 바꿔서 보는 것이 좋을 수 있다.

Google Trends로 경쟁사 이해하기

비즈니스 카테고리 내 경쟁은 치열할 수 있으며, 경쟁에서 앞서 나가기 위해서는 철저한 조사가 필요하다. Google Trends는 경쟁사의 성과를 모니터링하고 그들의 전략에 대한 인사이트를 얻는 데 도움을 줄 수 있다. 경쟁사의 브랜드명이나 제품을 검색하여 시간에 따른 결과를 비교함으로써 그들이 어떻게 하고 있는지 확인할 수 있다. 또한 Google Trends를 사용하여 경쟁사와 관련된 사람들이 무엇을 검색하는지도 확인할 수 있다. 예를 들어 현재 경쟁사에 대한 인기 검색어 또는 과거에 트렌드였던 검색어를 볼 수 있다.

Google Trends의 장점 중 하나는 데이터를 바로 비교해서 볼 수 있다는 것이다. 글로벌 이머커머스 비즈니스를 시작하려고 하는 사람들이 많이 찾는 웹빌더 플랫폼인 쇼피파이와 WooCommerce, Wix, BigCommerce를 예로 들어 비교해보도록 하겠다. 미국으로 지역을 설정하고, 비교적 최근의 데이터를 보기 위해서 지난 12개월로 조건을 설정했다.

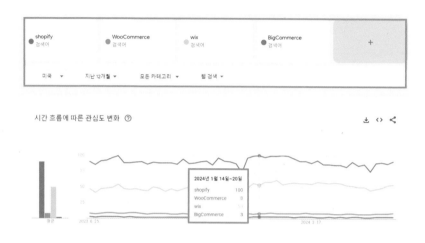

시간의 흐름에 따른 관심도와 변화를 그래프로 볼 수 있고, 특정 기간의 관심도 수치화 데이터를 볼 수 있다.

또한 키워드에 대한 지역별 관심도도 지도를 통해서 볼 수 있다.

경쟁사 연관 검색어도 함께 볼 수 있기 때문에 경쟁사와 관련하여 어떤 키워드가 인기 있는지 확인할 수 있다. 이러한 과정을 통해 경쟁사가 어떤 틈새시장에 진입하여 비즈니스를 하고 있는지 등의 중요한 정보를 얻을 수 있다.

정확한 키워드인지 검증하기

Google Trends를 통한 시장조사에서 중요한 것은 시장의 전반적인 트렌드를 파악하는 것이다. 또한 경쟁사들이 어느 정도의 관심을 받고 있으며, 경쟁사를 검색하는 사람들이 어떤 키워드에 반응을 하는지 확인해야 한다. 여기에서 추가적으로 Google Trends를 활용해서 해야 할 중요한 일은 '우리가 마케팅에 사용할 전략적으로 선택한 키워드가 과연 타깃으로 하는 지역에 적합한 키워드인가'를 확인하는 작업이다. 예를 들어 미국에서 '워킹 샌들'은 '하이킹 샌들'보다 약간 더 많은 관심을 받고 있다.

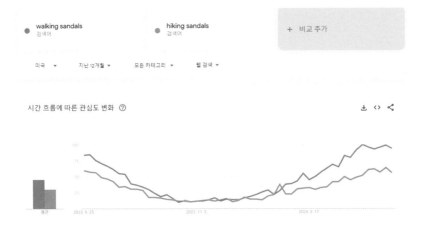

하지만 몬태나, 아이다호, 유타, 뉴멕시코 등에서는 '하이킹 샌들'의 관심도가 더 높다. 그러므로 만약 샌들을 판매하는 브랜드라면 남서부에서는 '하이킹 샌들'이라는 용어를, 다른 지역에서는 '워킹 샌들'이라는 용어를 사용하는 마케팅 키워드 전략을 설정할 수 있다.

'워킹 샌들'과 '하이킹 샌들'은 관심도의 차이가 아주 극명하게 나지는 않는다. 하지만 특정 키워드에서는 우리가 마케팅에 적극적으로 사용하려고 했던 키워드의 관심도가 연관된 다른 키워드의 관심도에 비하여 현저

하게 낮을 수도 있다. 이 경우 키워드 조사를 다시 수행해야 한다. 이렇게 Google Trends를 통해서 우리가 타깃으로 하는 시장에서는 어떤 키워드가 관심을 많이 받는지를 파악하고, 그렇다면 우리는 어떤 키워드를 전략적으로 사용해야 하는지를 검증할 수 있다.

MEMO

2장

주요 타깃 고객층 설정

브랜드 및 상품 전략을 설계하고 효율적인 마케팅을 수행하기 위해서는 반드시 주요 타깃 고객층을 먼저 설정해야 한다. 이커머스 스토어를 처음 시작할 때 나의 상품에 맞는 이상적인 고객을 파악하는 것은 매우 중요하다. 이를 통해서 새로운 고객을 더 쉽게 찾고, 상품에 관심 있는 구매자를 웹사이트로 유도하여 더 높은 전환율과 더 많은 판매를 만들 수 있다. 제품의 부피나 속성에 관계없이 판매하려는 제품에 따라 다양한 타깃 고객을 만들 수 있다. 이를 위해서 고려해야 하는 사항은 크게 세 가지가 있다.

- **인구 통계:** 나이, 성별, 직업, 교육 수준, 소득 등의 특성을 포함한다.
- **위치:** 특정 지역을 더 잘 서비스하기 위해 지리적 위치에 따라 시장을 분류하는 그룹이다.
- **관심사:** 심리적 특성을 중심으로 구성되며 태도, 성격, 의견 및 라이프스타일을 포함한다.

나의 상품과 스토어를 생각하면서 스스로에게 질문을 해보는 과정이 필요하다. 누가 나의 상품을 구매하는가? 그들은 어떤 특징을 가진 사람들인가? 그들의 나이는 몇 살이고, 성별은 어떠한가? 이렇게 설정한 정보들을 바탕으로 구매자 페르소나(가상으로 만드는 이상적인 소비자상)를 만들어야 한다. 스토어 구성에 포함되는 각종 문구, 카피라이딩과 다양한 미케팅 캠페인을 수행할 때 반드시 필요한 과정이다. 구매자 페르소나를 확립하는 과정에는 아직 판매하기로 확정된 상품이 없어도 괜찮다. 타깃 고객층을 좁혀서 구매자 페르소나에 맞게 제품을 만들거나 찾을 수 있다.

많은 기업과 브랜드는 제품을 판매하기 위한 구매자 페르소나를 여러 개 가지고 있다. 하지만 수십 개의 구매자 페르소나를 설정하기 위해 처음부터 너무 노력할 필요는 없다. 작게 시작해서 다양한 고객 경험과 데이터를 바탕으로 브랜드 페르소나를 늘려나가도 된다. 처음 시작 단계에서는 1~3명 정도면 충분하다.

시장조사와 경쟁사 분석을 통해 트렌드와 판매하고자 하는 상품에 대한 대략적인 생각이 정리되었을 것이다. 그럼 이제 본격적으로 구체적인 사업 아이템을 정하여 나만의 브랜드 스토어를 만들고 마케팅을 하기 전에, 우리가 선택한 플랫폼인 쇼피파이를 통해서 성공적인 글로벌 비즈니스의 기반을 다질 수 있는 이유를 다시 한 번 살펴볼 필요가 있다.

왜 쇼피파이인가?

쇼피파이는 단순한 웹사이트 빌딩 도구가 아니다. 전 세계 수많은 사용자들이 쇼피파이를 이용하는 이유는 명확하다. 쇼피파이는 복잡한 코딩에 대한 지식이 없어도 '드래그 & 드롭' 기능만으로 쉽게 웹사이트를 만들고 운영까지 가능하다. 내 웹사이트에서 구현하고 싶은 복잡한 기능들이 있다고 해도 문제될 것이 없다. 쇼피파이가 자랑하는 앱 스토어에서 필요한 기능을 간편하게 설치할 수 있다.

검색 엔진 목록

검색 엔진 목록에 이 제품이(가) 표시되는 방식을 확인하려면 제목과 설명을 추가하십시오.

페이지 제목

    [   ]

0/70자 입력함

메타 설명

    [   ]
    [   ]
    [   ]

0/320자 입력함

URL 핸들

    [https://39c8e2-a8.myshopify.com/products/   ]

• 검색 엔진 목록 수정 화면

쇼피파이의 쉬운
사용성과 확장성

쇼피파이는 테마 스토어에서 원하는 디자인을 선택하고, 추가하고 싶은 기능은 앱 스토어에서 클릭 몇 번으로 해결할 수 있다. 마치 카카오톡이나 인스타그램 앱을 스마트폰에 설치하는 것처럼 쉽게 할 수 있다. 다양한 앱들이 마케팅, 재고 관리, CRM(고객 관계 관리) 등을 도와 사업에 대한 리소스를 줄이고 간편하게 확장할 수 있도록 해준다. 그리고 쇼피파이 앱을 통해서 모바일에서도 간단하게 내 웹사이트를 관리할 수 있다. 여행 중에도

• 쇼피파이 앱스토어

주문 처리, 판매 관리, 마케팅을 손쉽게 관리할 수 있는 것이다. 가장 중요한 것은 쇼피파이가 Google SEO와 자연스럽게 연동된다는 점이다. 콘텐츠 제작 시 검색 결과에 노출되는 한 줄의 타이틀과 약 세 줄 정도의 메타 설명을 쉽게 관리할 수 있기 때문에 검색 엔진에서 더 많은 잠재 고객들에게 노출될 수 있다.

지속 가능한 비즈니스 구축

쇼피파이의 가장 큰 장점은 모든 것이 자동화된다는 것이다. 앱으로 도매사이트와 동기화하여 재고 및 가격 정보를 실시간으로 반영할 수 있다. 또한 판매 데이터를 기반으로 다양한 마케팅 활동을 분석해주고, 더 나은 전략들을 추천해준다. 또한 페이스북, 인스타그램, 틱톡 등의 다양한 플랫폼과 연동하여 광고 및 마케팅을 편하게 할 수 있다. 결국 쇼피파이는 이렇게 다양한 자동화를 통하여 상품 소싱, 재고 관리, 고객 분석 그리고 마케팅까지 혼자서 가능하게 하여, 단순히 스토어를 만드는 것에 그치지 않고 비즈니스를 지속 가능한 방향으로 성장시키는 데 도움을 준다.

그럼 본격적으로, 사업 아이디어를 찾으러 떠나보겠다.

마케팅

캠페인 생성

📅 지난 30일 비교: 이전 기간

📊 마지막 간접 클릭 ∨

온라인 스토어 세션
2,801 ↗ 10%

온라인 스토어 전환율
3.25% ↗ 15%

평균 주문 가격
$459.55 ↗ 15%

총 판매액
$40,778.73 ↗ 51%

마케팅을 통한 판매
$23,056.26 ↗ 110%

마케팅을 통한 주문
53 ↗ 47%

Top marketing channels

ⓘ 이제 <u>지원되는 마케팅 앱</u>에서 비용, 클릭, 노출 메트릭을 사용할 수 있습니다   ✕

Reporting is based on your UTM parameters and connected app activities to your online store. Reported with a 30-day attribution window.
Learn more

채널	유형	매출 ⌄	세션	주문	전환율	ROAS	CPA	CTR(클릭 방문율)
🏠 직접	direct	$20,904.04	1,475	42	2.85%	—	—	—
G Google Search ↗	organic	$11,219.94	813	26	3.2%	—	—	—
❓ 특성 없음	unknown	$3,900.16	31	6	19.35%	—	—	—
✉ Shopify Email	paid	$2,475.67	27	2	7.41%	—	$0.00	7.73%
📷 Instagram	unknown	$1,688.98	2	2	100%	—	—	—

채널 보고서 보기

• 쇼피파이 관리자 화면 – 마케팅

3장

사업 아이디어 발견 및
제품 선택

기업과 브랜드에서 직면하는 가장 큰 도전 중 '하나는 수익성 있는 제품을 찾는 것'이다. 판매할 제품에 대한 아이디어를 떠올리는 것은 다소 막연하고 어려울 수 있지만, 타깃으로 하는 구매층을 설정했으니 한 걸음은 뗀 것이다. 상품을 직접 제조하거나 유통회사를 찾거나 또는 드롭쉬핑 비즈니스 모델을 염두하고 판매할 제품을 찾을 수 있다. 이커머스 시장에서 수익성 있는 제품을 찾는 몇 가지 기본적인 방법이 있다.

- 열정적인 취미를 가진 사람들에게 호소하기
- 트렌드를 빠르게 분석하고 활용하기
- 다양한 마켓플레이스(아마존, 이베이 등)에서 유행하는 것을 살펴보기

TIP

 제품 소싱을 위한 쇼피파이 앱

위닝 프로덕트(winning product) 소싱 전략

좋은 제품을 찾는 것은 글로벌 이커머스 비즈니스를 운영하면서 가장 기본적이고 중요하다. 특히 드롭쉬핑의 경우에는 좋은 제품을 찾는 것이 스토어의 성공과 실패를 결정하는 중요한 요소이다. 드롭쉬핑 스토어 중 일부는 막대한 수익을 올리는 반면 다른 스토어는 생존하기 위해 분투하고 있다면, 이것은 그 스토어가 판매하고 있는 상품이 문제의 원인일 가능성이 높다. 물론 스토어 디자인, 브랜딩, 마케팅 기술 등도 중요한 요소이지만, 탄탄한 수요를 받쳐주는 제품이 없으면 쇼피파이 스토어를 성장시키기 어렵다. 만약 스토어의 마케팅 전략이 아무리 촘촘해도 아무도 그 제품을 원하지 않으면 소용이 없다. 반면에 사람들이 내 스토어에서 판매하는 제품을 간절히 원한다면, 보통 수준의 마케팅만으로도 수익성 있는 판매를 이끌어낼 수 있다.

위닝 프로덕트란 무엇인가

'위닝 프로덕트'란 높은 판매 수치와 수익을 창출하는 제품을 의미한다. 이 용어는 드롭쉬핑 비즈니스에서 유래되었다. 많은 드롭쉬퍼는 빠르게 다양한 제품을 테스트하여 많은 돈을 벌 수 있는 최상의 제품, 즉 위닝 프로덕트를 찾는 전략을 사용한다. 성공적인 제품을 찾기 위한 첫 번째 단계는 좋은 드롭쉬핑 제품의 특성을 아는 것이다. 이는 수익성 좋은 제품을 가려내는 데 도움이 된다.

- 제품이 비교적 배송하기 쉽다.
- ePacket, DHL 또는 다른 빠른 배송 방법으로 빠르게 배송된다.
- 지나치게 기술적이지 않다([예] 드론).
- 일반 상점에서 찾기 어렵다.
- 높은 마진 가능성이 있다.
- 감정적인 호소력이 있다(취미나 열정과 관련된 것이 좋다).
- 페이스북에서 광고할 수 있다(건강 보조 식품, 무기 등은 제외).

위닝 프로덕트
아이디어 찾는 방법

(1) 아마존 베스트셀러 연구

트렌디한 제품을 찾는 혁신적인 방법은 아니지만, 연구할 만한 이유는 아마존이 매시간 업데이트되는 베스트셀러 목록을 가지고 있기 때문이다. 아마존의 베스트셀러를 사용하여 제품 아이디어를 얻는 일의 최대 장점은 '이미 수요가 검증된 시장이 있다는 것'이다. 고객들은 이미 존재하며, 마케팅적인 기술을 사용하여 쇼피파이 스토어에서 구입할 수 있도록 유도해야 한다. 예를 들어 아마존의 주방 및 다이닝 섹션에서 가장 잘 팔리는 제품 중 하나인 오일병을 보도록 하겠다.

거의 2,000개가 넘는 리뷰가 있는 이 오일병은 현재 매우 인기가 높음을 알 수 있다. 아마존의 베스트셀러에 속해 있기 때문에 지금 시점에서 수요는 계속 증가하고 있다고 볼 수 있다. 알리익스프레스에서 간단히 검색해 본 결과, 쇼피파이에서 드롭쉬핑할 수 있는 동일한 제품을 찾았다.

• 알리익스프레스 상품 페이지 화면

위와 같이 아마존에서 이 오일병은 $8.99에 판매되고 있지만, 알리익스프레스에서는 단 $0.99에 구매할 수 있으며(계정의 상태와 프로모션 진행

내용에 따라 가격은 다르게 보일 수 있음) 심지어 무료배송이다. 이는 우리가 페이스북 광고와 같은 다양한 프로모션을 진행하고도 남을 만큼 괜찮은 마진을 확보할 수 있다는 것을 의미한다.

(2) 틱톡 검색 사용

많은 드롭쉬퍼들이 틱톡을 사용하여 성공적인 제품을 광고한다. 따라서 틱톡에서 몇 가지 검색어를 사용하여 그들의 광고를 찾을 수 있다. 몇 개의 해시태그를 검색해보면서 쉽게 찾을 수 있다.

#amazonfinds #coolgadgets #amazonreview #productreview

화면 오른쪽 상단에 있는 필터 아이콘을 눌러 '게시 날짜'를 '지난 3개월'로 변경한다. 이렇게 하면 과도하게 포화된 제품이 아닌 트렌드 제품을 볼 수 있다. 그 다음으로는 필터링된 동영상을 검색하여 좋아요 수가 10만 이상인 틱톡 영상을 찾는다.

(3) 알리익스프레스에서 제품 찾는 방법

알리익스프레스에 접속하여 키워드를 입력한다. 그런 다음, SORT BY 섹션에서 ORDERS 탭을 클릭한다. 이제 원하는 제품의 베스트셀러를 쉽게 확인할 수 있다.

이제 아마존으로 가서 이 가격을 경쟁사와 비교할 수 있다. 다음 단계는 알리익스프레스의 리뷰를 확인하는 것이다. 운이 좋다면 판매자가 다른 색상의 제품을 더 저렴하게 제공할 수도 있다. 여기에서는 가짜 리뷰를 주의해야 한다. 실제로 몇 년 동안 여러 판매자들이 가짜 리뷰를 사용하는 것을 보았으며, 제품이 5점 만점을 받았지만 텍스트가 없는 경우가 많아서 꼼꼼하게 확인해야 한다.

알리익스프레스 제품은 저렴하기 때문에 샘플을 구매하는 것이 좋은 방법이다. 알리익스프레스에서 공급받는 경우 제품 테스트가 정말 중요하다. 품질이 좋은 제품도 많은 반면에 저렴한 제품은 일반적으로 품질이 낮기 때문이다. 제품을 테스트하고 판매자의 신뢰성을 평가하는 과정을 거친다. 판매자가 응답·포장·배송하는 데 걸린 시간을 측정하고 최종적으로 판단해야 한다.

위닝 프로덕트를 찾기 위한 사이트 및 플랫폼

 쇼피파이 셀러가 판매하는 이커머스 시장에서 인기 있는 제품들

4장

브랜드 기획 및 디자인
– 로고 및 디자인, 테마 컬러 선택

온라인 웹사이트를 디자인하기 전에 반드시 브랜딩을 고려해야 한다. 브랜드 아이덴티티를 만들고 온라인 스토어 및 다른 마케팅 채널에서 사용할 브랜드의 시각적 요소들을 미리 만들어야 한다. 스토어 디자인에 포함할 다음 요소들을 미리 만들어 두어야 한다.

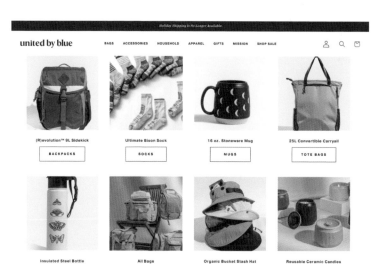

- United By Blue의 온라인 스토어 제품 페이지

United By Blue는 브랜드의 아이덴티티를 보여주는 가이드라인 정의에 진심을 다하는 브랜드이다. 이 기업은 디자인 요소, 회사 로고, 카피라이팅, 명함과 제품 포장 같은 인쇄 디자인에 대한 56쪽 분량의 가이드라인을 가지고 있다. United By Blue는 브랜드 이미지 요소의 적절한 사용과 브랜드의 가치 표현에 대한 자료를 충분히 제공한다.

브랜드 가치와 미션

로고나 색상 팔레트와 같은 브랜드 자산을 디자인하기 전에 브랜드가 무엇을 지향하는지, 목적, 브랜드 슬로건, 고객과의 약속을 정해야 한다. 이러한 결정은 브랜드의 시각적 느낌을 형성하는 데 도움이 된다.

사업, 스토어 이름

　브랜드의 이름, 창조해낸 단어 또는 판매하는 것을 직접적으로 설명하는 이름 등 브랜드를 대표하는 사업 이름을 선택해야 한다. 이름이 떠오르지 않는다면 쇼피파이의 무료 도메인 이름 생성기를 사용하여 비즈니스와 스토어의 이름을 추천받을 수 있다.

　이렇게 정한 이름은 도메인 이름으로 사용할 수 있는지 반드시 확인이 필요하다. 도메인 이름은 잠재 고객에게 브랜드의 존재감을 보여주고 브랜딩을 구축하는 과정에서 중요하다. 단순한 온라인 주소 이상의 의미를 가지며, 브랜드의 정체성을 보여주는 중요한 수단이 된다. 그렇기 때문에 Namechk와 같은 도구를 통해 소셜 미디어와 도메인에서 사용할 수 있는지 확인하는 과정이 필요하다(비즈니스와 브랜드에 가장 적합한 도메인 이름을 선택하기 위해 고려해야 할 사항들은 5장 웹사이트 구축 및 설정 Tutorial에서 도메인을 연결하는 과정과 함께 설명하겠다).

• 키워드를 입력하면 사용 가능한 수십 개의 도메인 이름을 추천하는 쇼피파이

로고

디자이너와 협력하는 방법도 있고, 직접 로고를 디자인하는 다양한 도구들도 있다. 로고는 온라인 스토어에서부터 제품 패키징까지 이커머스의 다양한 사업 영역에서 브랜드를 대표하는 자산이다. 브랜드가 나타내고자 하는 미션, 가치 및 톤을 명확히 하여 직접 로고를 디자인하거나 브랜드가 추구하는 스타일을 디자이너가 정확히 파악할 수 있도록 해야 한다.

좋은 로고는 무엇일까? 기억에 남는 로고가 좋은 로고이다. 로고는 브랜드의 얼굴이다. 로고는 웹사이트, 제품, 마케팅 자료, 그리고 사람들이 브랜드와 상호작용하는 거의 모든 곳에 나타난다. 작은 자산처럼 보일 수도 있지만, 로고에는 많은 것이 담겨 있다. 브랜드 가치, 제품, 청중, 산업, 배경, 그리고 개성이 모두 로고와 연관된다.

라이프스타일 및 제품 사진

브랜드의 이미지를 가장 잘 보여줄 수 있는 것은 깨끗한 제품 사진과 다양한 라이프스타일을 반영한 이미지이다. 실제로 많은 브랜드의 쇼피파이 브랜드 스토어를 구축하면서 웹페이지에서 보여지는 이미지의 중요성을 느꼈다. 단순히 화질이 좋은 사진을 이야기하는 것이 아니다. 브랜드의 정체성을 잘 나타내고, 생동감이 있으며, 일관된 느낌을 전달하는 것이 좋은 방법이다. 기업과 브랜드의 예산이 한정되어 있다면 스마트폰 카메라로 직접 제품 사진을 찍으면 되고, 당장 라이프스타일 사진을 촬영할 수 없는 상황이라면 무료 스톡 사진을 적절히 사용할 수도 있다.

스톡 사이트 추천

온라인 스토어에서 소셜 미디어 피드까지, 브랜드를 잘 나타내는 이미지를 사용해야 할 장소가 너무 많다. 제품 사진 촬영에 시간을 낼 수 없어 무료 이미지를 찾으려는 시도를 많이 해봤다면, 내가 원했던 이미지와 다른 이미지가 생각보다 많다는 사실을 알게 된다. 회의실에서 하이파이브를 하거나 샐러드를 먹으며 웃는 사람들처럼 어설픈 스톡 사진을 봤을 확률이 높다.

다양한 스톡 이미지 사이트를 추천하려고 한다. 하지만 그전에 반드시 확인해야 할 문제가 있다. 바로 스톡 이미지 사이트의 '라이선스'에 대한 것이다.

- **로열티 프리**(Royalty free): 이미지를 사용하면서 로열티나 라이선스 비용을 지불하지 않아도 된다는 의미이다.
- **크리에이티브 커먼즈 라이선스**(Creative Commons license): 저작권이 있는 이미지를 공유·사용·수정할 권리를 부여한다.
- **저작자 표시**(Attribution): 창작자의 작업에 적절한 크레딧을 제공하는 것을 의미한다. 스톡 사진을 다운로드할 때 이를 요구할 수도 있고, 요구하지 않을 수도 있다.
- **상업적 용도**(Commercial use): 자산을 사용하여 재정적 이익을 얻는 모든 활동을 의

미한다. 스톡 이미지 사이트는 라이선스가 부여된 사진을 상업적 용도로 허용할 수도 있고, 허용하지 않을 수도 있다.

- **회원제(Membership):** 웹사이트의 이미지를 사용하기 위해 계정을 등록해야 함을 의미한다. 일부는 회원비를 요구하고, 일부는 무료로 제공한다.

따라서 추천하는 사이트의 스톡 사진 이미지의 라이선스 조건을 꼼꼼하게 확인해야 한다. 이는 이미지에 따라서 다른 경우가 많다. 라이선스 조건은 변경될 수 있으며, 사진작가나 스톡 라이브러리에 따라 다를 수 있다. 일부 사진은 상업적 사용을 위해 승인 절차가 필요할 수 있으며, 또 다른 사진은 무료로 다운로드하여 사용할 수 있다.

(1) Burst by Shopify

Burst는 쇼피파이에서 제공하는 무료 스톡 이미지 사이트이다. 이 라이브러리에는 전 세계 포토그래퍼 커뮤니티가 촬영한 수천 장의 고해상도 이미지가 포함되어 있다. 이러한 이미지는 디자이너, 블로거 또는 아름다운 스톡 이미지가 필요한 기업들이 상업적 또는 개인적으로 무료로 사용할 수 있다.

- Burst by Shopify

사이트의 검색 기능을 사용하여 키워드나 카테고리별로 이미지를 찾을 수 있다. 또는 Burst의 '비즈니스 아이디어' 섹션을 탐색할 수도 있다. 여기서 여성 패션, 미술용품, 양말 등 틈새시장별로 정리된 비즈니스 팁과 함께 무료 스톡 이미지를 다운로드 받을 수 있다.

(2) Pixabay

Pixabay는 420만 개 이상의 스톡 이미지, 비디오, 음악 클립을 Pixabay 커뮤니티에서 무료로 다운로드할 수 있는 무료 스톡 사이트이다. 로열티 프리 사진을 제공하며, 누구나 편집하여 아티스트의 허가나 출처 표시 없이 사용할 수 있다. Pixabay의 스톡 이미지는 다양한 주제를 다룬다.

- Pixabay

(3) Unsplash

Unsplash는 전 세계 포토그래퍼 커뮤니티가 촬영한 수백만 장의 스톡 사진을 제공한다. 모든 이미지는 원하는 용도로 무료로 사용할 수 있으며, 매일 새로운 이미지가 추가된다. 이 사이트에서 무료 계정을 만들면 iPhone, iPad 또는 컴퓨터에서 사진 컬렉션에 접근할 수 있다.

• Unsplash

(4) Pexels

Pexels는 Pexels 라이선스 하에 제공되는 무료 스톡 이미지 및 비디오 라이브러리이다. Pexels에서 라이선스가 확보된 이미지를 다운로드·복사·배포·수정할 수 있다. 이 스톡 이미지 사이트에는 Pexels 커뮤니티가 업로드한 사진 중에서 엄선한 수십만 장의 이미지가 있다. 모든 사진에는 태그가 붙어 있고, 검색 가능하며, 사이트의 검색 페이지에서 쉽게 찾을 수 있다.

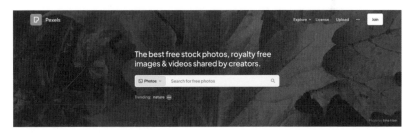

• Pexels

TIP

  디자인 영감을 얻을 수 있는 브랜딩 디자인이 잘된 사이트

5장

웹사이트 구축 및 설정 Tutorial

쇼피파이 계정 가입 및
플랜 선택

[STEP 1] 쇼피파이 계정 만들기

상점 만들기를 시작하려면 먼저 쇼피파이에 계정을 생성해야 한다. 적은 비용으로 시작할 수 있도록 2024년 현재 3일 무료체험 프로모션을 제공 중이며, 런칭 후 일부 기간 동안은 월 1달러만 지불하면 된다(쇼피파이의 프로모션 정책과 이용 금액은 시기에 따라 달라질 수 있다).

시작하려면 이메일 주소를 입력하고 비즈니스에 대한 기본 정보만 있으면 된다. 비즈니스에 대한 일부 정보를 공유하라는 요청을 받게 되는데, 이것은 선택사항이지만 쇼피파이가 맞춤형 조언과 지원을 제공하는 데 도움이 될 수 있다. 쇼피파이가 요청하는 정보는 어디에서 판매를 하고 싶은지, 현재 제품을 이미 온라인에서 판매하고 있는지 아니면 시작하는 단계인지, 어떤 상품을 판매하고 싶은지 등이다. 플랫폼을 일단 탐색만 해보려고 하는 경우 이 단계를 건너뛸 수도 있다.

다음으로, 이메일 주소와 비밀번호를 입력하고 쇼피파이 계정 생성을 클릭한다. 여기까지 하면 쇼피파이 admin dashboard(관리자 패널 또는 관리자 화면) 페이지로 리디렉션되는 것을 확인할 수 있다(admin.shopify.com/store/ 스토어ID로 리디렉션된다). 쇼피파이는 스토어를 생성하면 자동으로 URL을 만들어주며, 나중에 사용자 지정 도메인을 구입하여 연결 후 변경할 수 있기 때문에 이 단계에서는 스토어 이름 부분을 크게 신경 쓰지 않아도 좋다.

모든 작업이 완료되었다면 쇼피파이 플랫폼의 3일 무료 평가판에 대한 권한이 주어진 것이다. 이 평가판 이후에 결제 정보 등록 후 $1로 쇼피파이를 일정 기간 이용할 수 있다.

[STEP 2] 쇼피파이 월별 플랜 선택하기

이후에는 유료 플랜으로 업그레이드해야 한다. 유료 플랜은 'Basic', 'Shopify', 'Advanced', 'Plus'로 나뉘져 있다. 쇼피파이의 정책과 지역에 따라서 월별 플랜 가격은 달라질 수 있다. 또한 플랜별 세부 특징들도 쇼피파이의 결정에 따라 변동될 수 있다.

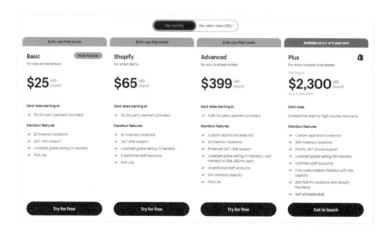

Basic 플랜은 쇼피파이의 거의 모든 판매 관련 기능에 접근할 수 있다.

- 2개의 스태프 계정 생성
- 최대 1,000개의 재고 위치 보유
- 무제한 제품 판매
- Shopify 세금 지원 받기
- Shopify Market을 통한 국제적인 판매

이 플랜에는 전문적인 보고서와 같은 고급 기능은 포함되지 않지만, 비즈니스를 시작하기에 좋은 플랜이다. 특히 드롭쉬핑몰을 운영하기에 충분하다. 연간 비용을 미리 결제하고 25% 할인을 받을 수 있다.

Shopify 플랜을 선택하면 쇼피파이의 더욱 많은 기능에 접근할 수 있다.

- 5개의 스태프 계정 생성
- 최대 1,000개의 재고 위치 보유
- 전문 보고서 제공

이 플랜을 선택하는 이유는 전문 보고서가 제공된다는 이유가 가장 크다. 이 보고서들은 고객의 구매 습관에 대한 더 좋은 데이터를 보여주고, 스토어 전환율을 높이기 위한 더 효과적인 마케팅 전략을 세울 수 있다. 이러한 경험은 스토어의 판매 과정을 원활하게 만들어줄 수 있다. Shopify 플랜은 기능을 확장하고 싶고 더 많은 판매를 목표로 하는, 성장 중인 이커머스 비즈니스에 잘 맞는다.

Advanced 플랜은 최대 15개의 스태프 계정을 만들 수 있으며, 제3자 배송 업체를 통합하여 결제 시 쇼피파이 배송 요금을 계산할 수 있다. 이 방법을 사용하면 고객이 구매 총 비용을 절약할 수 있도록 가장 낮은 배송 요금을 제공하는 운송업체를 선택할 수 있다. 또한 기본 보고서를 편집하고 새로운 보고서를 사용자 정의할 수 있는 고급 보고서 빌더를 제공받게 된다. 이 파일들을 필터링하여 필요한 정확한 데이터를 얻고, 전체 비즈니스에 대한 전반적인 흐름을 볼 수 있다. Advanced 플랜은 대규모 기업에 적합하다. 비즈니스가 성장함에 따라 매장 트래픽이 급증하는 경우 효율적이고 우수한 기능에 투자해야 할 수도 있는데, 이때 Advanced 플랜이 스토어 관리를 개선하는 데 도움을 줄 수 있다.

Shopify Plus 플랜은 주로 트래픽이 급증하여 주문 처리에 어려움을 겪거나 호스팅, 스토어 유지 관리를 편하게 하고 싶은 기업들이 사용한다. 다수의 글로벌 DTC 브랜드가 Shopify Plus 플랜으로 업그레이드하는 경우가 많다. 국내에서는 아직 Shopify Plus 플랜을 통해 웹사이트가 구축된 사례가 없지만, 쇼피파이에서 공식으로 선정한 국내 오피셜 파트너인 필자진이 쇼피파이와 지속적으로 소통하고 대규모 기업과 협력을 통해 국내 최초 Shopify Plus 플랜을 통한 스토어 구축 프로젝트를 진행하고 있다.

제품 추가 및 컬렉션 설정

본격적으로 전반적인 실제 쇼피파이 스토어 제작 과정을 최대한 생동감 있게 보여주기 위해, 앞에서 설명했던 내용과 주요 팁을 바탕으로 가상의 브랜드를 만들어 판매할 제품, 로고, 사진을 샘플로 제작해 보겠다. 이러한 과정을 통해서 스토어를 만들기 전에 어떤 부분을 신경써야 하는지를 알 수 있다.

[STEP 1] 상품 소싱 아이디어

Mordor Intelligence에 따르면 전 세계 립케어 시장은 2024년 45억 2천만 달러로 추정되며, 2029년까지 매년 4.9%의 복합 성장률이 예측된다. 이 시장조사 회사는 천연 성분을 함유한 제품에 대한 인식 증가를 함께 보고했다. 갈라짐, 쪼개짐, 주름과 같은 립케어 문제가 증가함에 따라, 특히 밀레니얼 세대 사이에서 립밤에 대한 수요가 더욱 증가할 것으로 추정된다고 말한다.

이러한 시장조사와 트렌드를 확인했을 때 입술이 건조한 문제의 해소에 유용한 립밤은 폭넓은 타깃층에 소구할 수 있는 제품이라 판단되므로, 이 제품을 소싱하여 판매하면 좋을 것이라고 생각했다. 매일 사용하기도 하여(실제로 여성의 81%, 남성의 39%가 매일 립 제품을 사용한다) 재구매율이 좋고, 여성의 경우 하루 평균 약 2.35회 사용한다는 추가 정보도 발견했다. Google Trends에 따르면 지난 5년 동안 립밤에 대한 관심은 일관되게 유지되었다. 주로 가을과 겨울에 립밤을 가장 많이 검색하는 경향이 있다.

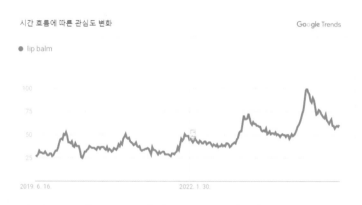

• 지난 5년 동안 립밤에 대한 관심이 일관되게 유지됨을 보여주는 Google Trends 자료

[STEP 2] 비즈니스 이름과 도메인 체크

브랜드 이름을 정하기 전에 shopify free domain name generator 사이트를 통해 아이디어를 얻었다. lovelipbalm이라는 이름을 발견했고, Namecheck 사이트를 통해서 해당 lovelipbalm.com을 사용할 수 있음을 확인하였으며, 어떤 소셜미디어에 해당 이름과 중복된 계정이 있는지도 체크했다.

Domains

lovelipbalm.**com**	BUY	lovelipbalm.**net**	BUY	lovelipbalm.**me**	BUY
lovelipbalm.**org**	BUY	lovelipbalm.**us**	BUY	lovelipbalm.**info**	BUY
lovelipbalm.**la**	BUY	lovelipbalm.**asia**	BUY	lovelipbalm.**biz**	BUY
lovelipbalm.**tv**	BUY	lovelipbalm.**ws**	BUY	lovelipbalm.**nyc**	BUY
lovelipbalm.**okinawa**	BUY	lovelipbalm.**online**	BUY	lovelipbalm.**network**	BUY
lovelipbalm.**ninja**	BUY	lovelipbalm.**photo**	REGISTERED	lovelipbalm.**photography**	BUY

Show more

Usernames

f Facebook	YouTube	Twitter	Blogger	Twitch	TikTok
Shopify	Reddit	Ebay	Wordpress	Pinterest	Yelp
Slack	Github	Basecamp	Tumblr	Flickr	Pandora

- namechk.com

[STEP 3] 로고 만들기

이미지 편집 및 제작 도구인 Canva를 통해 브랜드의 이미지와 느낌을 잘 전달해줄 것이라고 생각되는 로고를 만들었다. 이렇게 무료로 로고를 디자인할 수도 있고, 디자이너에게 의뢰하고 브랜드 가이드나 정보를 함께 제공하여 더 완성도 높은 로고를 만들 수도 있다. '생기 있고 사랑스러운 느낌의 비건 브랜드'를 생각하며 로고를 제작했다. 그리고 배경이 투명한 PNG 파일로 준비를 해두었다.

• Canva 이미지 편집기 화면

[STEP 4] 이미지 준비

기획한 상품들은 실제 상품이 아니지만 제품 분류를 3개로 나눴다. 'LOVE LIPBALM'은 'YELLOW', 'GREEN', 'PINK' 3개의 상품을 등록할 예정이다. 예산이 많지 않은 경우에는 직접 스마트폰으로 촬영하거나 앞서 추천했던 스톡 이미지 사이트의 이미지를 사용하는 것이 좋다. 실제 제품이 없기 때문에 이미지를 촬영할 수 없어 ChatGPT의 도움을 받아 아래 상품 이미지를 만들었다.

이제 본격적으로 상품을 등록하도록 하겠다. 쇼피파이 계정을 만들고 실제 스토어 구축을 위한 비즈니스 아이디어, 상품 이미지, 로고 등이 확정되었다면 제품을 먼저 등록해야 한다. 제품을 판매하기 위한 스토어를 만드는 과정이기 때문에, 이후에 스토어 테마와 세부적인 디자인 작업을 할 때 상품이 먼저 등록되어 있어야 전체적으로 어떻게 상품이 스토어에서 보여지는지 확인할 수 있다.

> **TIP**
>
> 쇼피파이는 한국어를 지원하는 플랫폼이다. 스토어의 기본 설정이 영어로 되어 있어 불편함이 느껴진다면, 간단한 설정을 통해서 한국어로 바꾸면 된다. 쇼피파이 관리자 화면에서 내 상점을 클릭하고 계정 설정에 들어가서 언어를 한국어로 바꿀 수 있다. 단순히 브라우저의 자동번역과는 다르게 더 많은 부분에서 자연스러운 한글화가 가능하다. 계정 설정의 언어를 바꾼다고 해도 스토어에서 표시되는 언어에는 영향이 없다.

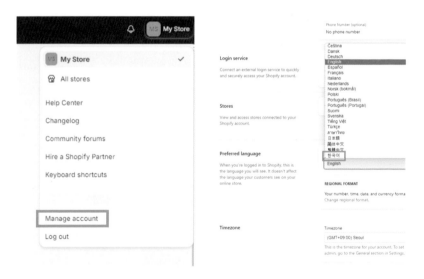

쇼피파이 스토어의 제품 메뉴에서 새로운 제품을 추가할 수 있다. 제품 추가를 클릭하고 제품의 제목과 상세설명을 작성할 수 있다.

제품 페이지

제품 페이지는 고객이 제품을 확인하고 구매할지를 결정하는 중요한 페이지이다. 여기에는 제품에 대한 모든 내용과 이미지 및 영상 자료, 세부적인 설명을 모두 추가한다.

제품 제목은 제품이 무엇인지 명확하게 해야 한다. 잠재 고객이 스토어에 들어와서 스토어와 상품을 탐색할 때 보는 내용이며, 카탈로그에서 원하는 제품을 찾는 데 도움이 된다. 제목은 가능한 짧고 간결하게 작성하고 제품의 색상, 크기와 같은 제품 옵션 정보를 제목에 추가하여 제품을 정확하게 표시할 수 있다. 첫 번째 상품, 옐로 컬러 립밤의 상품명은 'Honey Dew Kiss Lip Balm'으로 등록하겠다.

제품 설명에는 판매하는 제품에 대해 설명하고 특징을 기술해야 한다. 단순히 상품의 정보만을 나열할 때에 비해 아래의 사항을 고려하고 제품 설명을 입력한다면 더 좋은 결과를 얻을 수 있다.

- **대상 고객을 파악하여 맞춤형으로 작성하기:** 고객이 제품을 구매하는 것에 확신을 주기 위해 그들이 어떤 정보가 필요한지 고민하고, 이를 설명에서 전달하려고 노력해야 한다.

- **상품 구매를 통해 얻는 인센티브 강조하기:** 어떤 기능이 있고, 사용하면 어떤 이점이 있는지 전달하고 잡다한 내용은 제외해야 한다. 많은 상점들이 이러한 판매 포인트를 제품 페이지에서 빠르게 전달하기 위해 텍스트와 아이콘을 혼합하여 사용한다.
- **일반적인 질문을 예상하고 그에 맞는 답변을 포함시키기:** 고객이 구매를 주저할 수 있는 요소는 무엇일지, 정확한 크기를 몰라서 구매를 걱정하지는 않을지, 알레르기 정보가 필요한지 등 고객의 입장에서 생각해야 한다.
- **설명을 쉽게 읽을 수 있도록 구성하기:** 문단을 짧게 하고 글머리 기호, 소제목, 굵은 텍스트 등을 사용하여 설명을 읽기 쉽게 만들 수 있다.
- **고객이 제품을 사용하는 모습을 상상할 수 있도록 시각자료 활용하기:** 고객은 제품을 맛보거나 만져보거나 입어볼 수 없다. 사용하는 재료를 나열하고, 사이즈 차트를 포함시켜야 한다.

어떤 내용을 포함시켜야 할지 잘 모르겠으면 다른 스토어에서 영감을 받을 수 있다. 립밤과 같은 제품을 구매할 때 고객들은 주로 성분, 보습효과, 향, 자외선 차단, 가격 등의 세부 정보를 중요하게 생각한다. 그러므로 스토어 방문객들이 이 모든 정보를 한눈에 쉽게 볼 수 있도록 상품 설명을 작성하여 등록하겠다.

제품 페이지의 미디어 섹션에서는 사진, GIF, 비디오 또는 3D 모델과 같은 시각적 자료를 업로드하여 제품에 대한 더 풍부한 세부 정보를 공유할 수 있다. 이때 제품을 보여주는 방식이 매우 중요한데, 고객이 제품을 소유하고 있는 것을 상상할 수 있도록 도와준다고 생각하면 좋다. 고객들이 제품을 실제 사용하는 모습이나 그들의 삶의 공간에 전시된 모습을 볼 수 있도록 해주는 방법도 많은 도움이 된다. 다음은 몇 가지 기억해야 할 점이다.

- 제품을 최상의 상태로 보여줄 수 있는 고화질 사진을 사용해야 한다.
- 모든 제품 사진이 동일한 크기로 보이도록 동일한 종횡비(너비와 높이의 비율)를 유지하려고 노력해야 한다. 이러한 일관성은 상점의 외관을 더 깔끔하고 전문적으로 만든다.
- 예산이 제한적이라면 대부분의 스마트폰으로도 고품질의 제품 사진을 촬영할 수 있으며, 무료 사진 편집 도구를 사용하여 배경이 투명한 이미지를 만들 수 있다([예] remove.bg는 배경을 무료로 제거할 수 있게 해준다).
- 이미지를 업로드한 후에는 클릭하여 기본적인 편집 작업을 수행할 수 있다. 예를 들어 자르기, 크기 조정이 가능하다. 또한 시각장애가 있는 사람들이 사진을 볼 수 없는 경우를 대비하여 사진을 설명하는 대체 텍스트(Alt Text)를 편집할 수도 있다. 예를 들어 "Honey Butter Bliss Lip Balm in a sleek tube, showcasing its creamy texture. The label highlights key ingredients like natural honey and rich butters, and mentions SPF protection." 라고 작성함으로써 시각장애가 있는 사람이 제품을 쉽게 구매할 수 있도록 도와준다. 여기서는 하얀 배경에 립밤 하나만 있는 사진을 사용할 예정이다. 하지만 의류, 보석류와 같이 고객이 더 많은 시각 정보를 필요로 하는 제품의 경우 추가 각도나 세부 정보를 제공하는 여러 사진을 사용하면 고객의 신뢰를 높일 수 있다.

미디어

카테고리

제품 가격 설정

이제 제품의 판매 가격을 설정할 시간이다. 고객이 실제 제품을 구매하기 위해 지불할 금액이다. 원한다면 '비교가' 필드를 사용하여 통상적인 제품 비용을 표시할 수 있다. 예를 들어 립밤 3개를 세트로 구매할 때의 절약을 보여주고 싶다면 여기에 립밤 3개의 원래 가격을 입력할 수 있다. 고객이 보는 스토어 화면에는 설정한 가격 옆에 취소선과 함께 표시된다. 예를 들어 판매하고자 하는 상품이 $10이고 비교가에 $20를 입력한다면, 고객은 상품의 가격 옆에 '$20̶'와 같은 취소선 형태의 정보를 보고 상품이 현재 할인 중임을 알 수 있다. 하지만 일부 경우, 특히 프리미엄 제품을 판매할 때는 제품의 프리미엄 이미지를 저하시킬 수 있으므로 무조건적으로 이 방법을 사용하는 것은 권장하지 않는다. '품목당 비용' 필드 역시 선택 사항이다. 원한다면 개별 제품에 대한 이익률을 추적하는 데 사용할 수 있다. Shopify 플랜 이상에서는 이익 보고서에서 이익을 추적할 수 있다.

또한 일부 예외는 있지만 상품, 서비스를 판매하는 비즈니스는 고객으로부터 주문을 받을 때마다 세금을 징수해야 하므로, 나중에 세금 설정을 구성할 때 '이 제품에 세금 부과' 상자를 체크할 것이다. 제품당 비용, 즉 립밤 한 개를 생산하고 포장하는 데 드는 비용이 5달러라고 가정하겠다. 립밤을 각 15달러에 판매한다면 수익은 얼마인지, 이익은 몇 퍼센트인지 자동으로 계산되어 표시된다.

물론 실제 가격 책정은 이렇게 간단하지 않다. 배송비, 원자재 비용, 임대료나 직원 급여와 같은 경비, 그리고 가장 중요한 '제품을 잠재 고객에게 어떤 이미지로 인식시킬 것인가'와 같은 여러 변수가 제품의 가격에 영향을 줄 수 있다.

```
가격

가격                        비교가
$ 15.00                    $ 0.00              ⑦

☑ 이 제품에 세금 부과

품목당 비용                  수익                 이익
$ 5.00           ⑦         $10.00              66.7%
```

TIP

낮은 가격이 반드시 판매 증가로 이어진다고 볼 수 없다. 고객들은 종종 가격을 품질을 평가하는 기준으로 사용한다. 프리미엄 제품을 판매하고 있다면, 특히 설득력 있는 브랜딩으로 프리미엄 가격을 정당화할 수 있다면 그에 상응하는 가격을 책정하는 것을 두려워할 필요가 없다. 마케팅을 시작한 후에 언제든지 가격을 재검토하고 조정할 수 있다.

재고 관리

드롭쉬핑이나 주문 제작 서비스(Print On Demand)를 이용한다면 재고를 추적할 필요가 없다. 다만 일반적인 설명을 위해서 예를 들어 설명하도록 하겠다. 'Love LipBalm'이 자체적으로 립밤을 제조하고 판매하며 배

송한다면 쇼피파이에서 재고를 추적함으로써 각 립밤의 남은 양과 주문이 들어오기 시작할 때 추가적으로 얼마나 더 생산해야 하는지를 알아야 한다. 온라인 판매가 처음이라면 여기에 몇 가지 낯선 용어가 있을 수 있기 때문에 관련 용어부터 알아야 한다.

- **SKU**(Stock Keeping Unit): 재고 유지 단위는 특정 제품 및 옵션을 추적하고 관리하는 데 사용된다. 숫자나 글자를 사용하여 일관된 시스템을 만들어 한눈에 정확한 항목을 식별할 수 있게 한다([예] MHK-MJK는 옐로 라인 제품 Honey Dew Kiss Lip Balm임을 나타낸다).
- **바코드**: ISBN, UPC, GTIN 등의 바코드는 일반적으로 제품을 재판매하거나 나중에 더 쉬운 재고 관리를 위해 항목에 스캔 가능한 꼬리표를 추가하고자 할 때 사용된다. 자체 제품을 만들고 판매하기 때문에 현재는 이 부분을 비워둘 수 있다.
- **수량**: 특정 제품이 얼마나 많이 있는지를 나타낸다. 제품을 만드는 데 오래 걸리지 않기 때문에 '품절 시 계속 판매' 옵션을 활성화할 수 있다. 하지만 재고가 제한되어 있거나 보충하는 데 시간이 더 걸린다면 이 옵션을 끄고 항목을 '품절'로 표시할 수 있다.

재고				조정 기록

SKU(Stock Keeping Unit)
MHK-MJK

바코드(ISBN, UPC, GTIN 등)

✔ 수량 추적

✔ 품절 시 계속 판매
이 설정은 Shopify POS에 영향을 미치지 않습니다. 직원에게 경고가 표시되지만, 사용 가능한 재고가 0 이하로 떨어져도 판매를 완료할 수 있습니다.

수량

위치	사용할 수 없음	적용됨	사용 가능	보유
Shop location	0	0	10	10

배송 설정

배송 섹션에서는 각 주문에 대해 자동으로 배송 요금을 계산하고 적절한 배송 라벨을 인쇄할 수 있는 세부 정보를 입력한다. Love LipBalm 스토어의 경우, 서비스를 판매하는 스토어가 아니기 때문에 '실제 제품입니다'를 체크하고 다음 정보를 입력할 것이다.

- **무게:** 립밤 한 개의 무게이다. 0.15파운드를 입력하겠다.
- **관세 정보:** 국제적으로 판매할 계획이 있다면 중요하다. Love LipBalm은 캐나다에서 제조되고 배송된다고 가정하고 '캐나다'라고 입력하고, 검색 바를 사용하여 립 메이크업 준비물에 대한 HS 코드인 3304.10을 찾을 것이다. 실제 배송 비용과 고객에게 제공할 옵션 설정은 뒷부분에서 더 자세히 설명하겠다.

옵션 설정(이형상품)

크기, 색상 등 제품의 옵션이 다양하다면, 각 옵션을 별도의 제품으로 추가하는 대신 같은 제품에 옵션으로 추가할 수 있다. 각 옵션은 이미지, 가격, 추적되는 재고와 같은 정보를 개별 설정할 수 있다. 제품에 옵션을 추가하고 저장하여 페이지를 새로 고침하면, 앞서 다룬 미디어, 가격, 재고, 배송 섹션을 각 특정 변형에 대해 설정해야 한다. 만약 'Honey Dew Kiss LipBalm'이 크기에 따라 세 가지의 옵션으로 구성되어 있다면 옵션 추가를 클릭하고 상품별 가격까지 구성할 수 있다.

그러나 조금 더 복잡하게 이미지, 가격, 추적되는 재고와 같은 정보의 설정이 필요한 경우 추가 정보를 입력하여 개별 설정이 가능하다. 예를 들어 다양한 색상을 제공하는 경우, 오렌지 티셔츠의 사진을 오렌지 옵션에 맞게 추가할 수 있다.

게시 및 제품 구성

제품 구성 섹션에서는 제품을 함께 그룹화하여 관리하기 쉽게 하고, 고객이 쇼핑할 제품을 큐레이팅하며, 특정 제품에 규칙이나 할인을 적용할 수 있도록 제품을 라벨링할 수 있다. 각 라벨의 의미는 다음과 같다.

- **게시:** 페이스북 샵 또는 아마존과 같은 다양한 판매 채널에 제품을 나열할 수 있다. 우선 '온라인 스토어'에서 제품이 판매 가능한지 확인해야 한다.
- **제품 유형:** 특정 제품([예] 티셔츠)을 식별할 수 있는 제품 카테고리이다. 각 제품은 하나의 제품 유형만 가질 수 있다. 이 스토어에서는 'Lip Balm'을 사용할 것이다.
- **공급업체:** 제품의 제조업체, 도매업체 또는 제3자 공급업체이다. 공급업체별로 제품 목록을 필터링할 수 있기 때문에 주문이 들어오면 주문 처리 속도를 높일 수 있다. Love LipBalm은 제조업체이므로 공급업체로 나열할 것이다.
- **태그:** 제품과 연관된 키워드이다. 제품에 여러 태그를 추가하여 고객이 온라인 스토어의 검색 바를 통해 제품을 찾도록 도울 수 있다. 또한 특정 태그가 있는 제품을 특정 컬렉션에 추가하는 것과 같은 스토어에서의 제품 분류를 자동화하는 데 태그를 사용할 수 있다.
- **컬렉션:** 컬렉션은 중요하다. 잠재 고객을 위해 제품을 분류 및 조직하고, 제품을 특정 마케팅 목적과 다양한 타깃 고객을 위해 큐레이팅할 수 있게 해준다. 예를 들어 의류 브랜드는 여성용 제품, 남성용 제품, 여름 세일 또는 신제품을 기반으로 한 다양한 컬렉션을 만들 수 있다. 동일한 제품은 여러 컬렉션에 포함될 수 있다. 제품을 더 추가한 후에 컬렉션 설정을 설명하도록 하겠다.

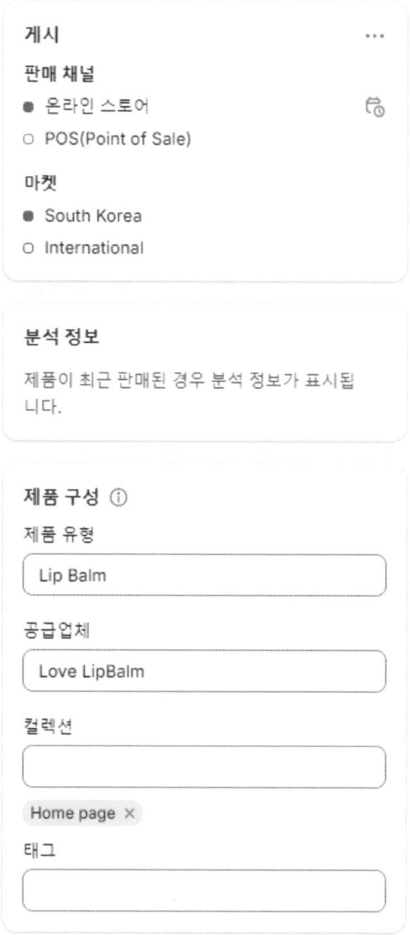

게시 ···

판매 채널
- 온라인 스토어
- POS(Point of Sale)

마켓
- South Korea
- International

분석 정보

제품이 최근 판매된 경우 분석 정보가 표시됩니다.

제품 구성 ⓘ

제품 유형

Lip Balm

공급업체

Love LipBalm

컬렉션

Home page ×

태그

검색 엔진 목록 미리보기

검색 엔진 목록 미리보기에서는 페이지가 검색 엔진 결과에 어떻게 표시될지 편집할 수 있다. 이는 또한 구글과 같은 검색 엔진을 통해 제품이 발견될 가능성을 높일 수 있는 중요한 섹션이다. 잠재 고객이 사용하는 검색 키워드를 알고 있다면, 이 섹션에 키워드를 포함시켜 시간이 지남에 따라 검색 엔진 결과에 표시될 확률을 높일 수 있다.

이때 사용하면 좋은 도구가 'Ubersuggest'라는 키워드 연구 사이트이다. 이것을 사용하여 제품과 관련된 키워드가 얼마나 자주 검색되는지를 파악했다. 'lip balm best'(월 27,100회 검색), 'lip balm with sunscreen'(월 8,100회 검색), 'lip balm honey'(월 1,600회 검색) 키워드를 발견하고 이것들을 제품 페이지에 포함시키고자 한다.

SEO(search engine optimization, 검색 엔진 최적화 작업)에 대해 더 자세히 알아보겠지만, 이 섹션을 최적화하기 위한 추가적인 내용이 있다.

- **페이지 제목**: 대상 키워드를 포함하면서 클릭하고 싶을 만큼 짧고 설명적인 제목을 작성한다. 예를 들어 'lip balm best 또는 lip balm with sunscreen'을 사용할 것이다.
- **메타 설명**: 검색 결과나 소셜 미디어에서 제품 링크를 볼 때 검색자가 클릭하도록 매

력적인 정보를 제공해야 한다.

- **URL 핸들:** 검색 엔진을 사용하여 제품을 찾는 사람들에게 의미가 있고 간단한 URL 을 사용해야 한다. 예를 들어 '/lip-balm-best'를 사용한다. 저장 후 제품 페이지를 미리 보고, 어떻게 보이는지 확인할 수 있다.

상품 컬렉션 구성

몇 개의 개별 제품 'Apple Charm Lip Balm', 'Blushing Rose Soft Lip Balm'을 추가적으로 등록했다. 쇼피파이에서 'Product > Collections'로 이동하여 제품들을 컬렉션으로 묶을 수 있다. 컬렉션은 특정 청중([예] 어린이용 제품), 테마([예] 베스트셀러) 또는 제품 카테고리([예] 액세서리)로 제품을 큐레이션할 수 있다.

- 컬렉션은 홈페이지 특정 섹션에 표시하고 싶은 제품을 모으는 용도
- 다양한 청중이 카탈로그를 빠르게 탐색할 수 있도록 구조화
- 판매하고자 하는 아이템을 큐레이팅하는 등 다양한 목적

지금 만들고 있는 컬렉션은 신상품 출시 프로모션을 위해서 새로 출시된 립밤 세 개만 포함시킬 예정이다. 이를 통해 신상품이 출시되었음을 강조하고 프로모션 구성을 쉽게 할 수 있다. 컬렉션 제목과 설명은 방문객이 이 페이지에 도착했을 때 어떻게 맞이할지에 따라 작성된다. 검색 엔진 미리보기는 제품 페이지에 적용했던 최선의 방법을 사용하여 작성할 수 있으며, 컬렉션 이미지도 설정할 수 있다. 이 이미지는 온라인 스토어의 디자인을 개별 설정할 때 컬렉션을 대표하는 이미지로 사용된다.

← 컬렉션 생성

제목

New Arrivals

설명

| 단락 | ∨ | **B** | *I* | U̲ | A̲ ∨ | 𝖤 ∨ | 𝔼 ∨ | 𝒫 | 🖼 | ⊙ | ⊞ ∨ | ⋯ | | </> |

Each balm is uniquely crafted with distinct scents and ingredients and is available at special promotional prices. Upgrade your daily beauty routine with our latest lip care innovations.

컬렉션 유형

● 수동
이 컬렉션에 제품을 하나씩 추가합니다. 수동 컬렉션에 대해 자세히 알아보십시오.

○ 자동
설정한 조건과 일치하는 기존 제품과 앞으로 생성하는 제품이 자동으로 이 컬렉션에 추가됩니다. 자동 컬렉션에 대해 자세히 알아보십시오.

게시   관리

판매 채널
○ 온라인 스토어   🏠
○ POS(Point of Sale)
Point of Sale has not been set up. Finish the remaining steps to start selling in person.
자세히 알아보기

이미지   편집

검색 엔진 목록

New Lip Balms - Latest Arrivals | Exclusive Discounts
https://5f6a6d-91.myshopify.com/collections/new-lip-balms-arrivals
Explore our New Arrivals category for the latest in lip care. Discover three newly launched lip balms, each with unique benefits. Shop now to enjoy exclusive promotional prices on our newest additions!

SEO Title

New Lip Balms - Latest Arrivals | Exclusive Discounts

53/70자 입력함

SEO Description

Explore our New Arrivals category for the latest in lip care. Discover three newly launched lip balms, each with unique benefits. Shop now to enjoy exclusive promotional prices on our newest additions!

201/320자 입력함

핸들

https://5f6a6d-91.myshopify.com/collections/new-lip-balms-arrivals

테마 템플릿

기본 컬렉션

온라인 스토어를 위한
핵심 페이지 만들기

지금까지의 설명은 제품에 초점을 맞추었다. 하지만 온라인 스토어는 단순히 제품을 판매하는 것 이상의 기능을 해야 한다. 고객이 나의 비즈니스를 이해하고 신뢰할 수 있도록 구성해야 하고, 구매와 배송까지 이어지는 모든 과정의 필수적인 정보를 고객에게 제공해야 한다. 이러한 페이지 대부분은 '온라인 스토어 > 페이지' 아래에서 생성할 수 있다. 이 페이지는 신뢰를 구축하고, 브랜드 이야기를 전달하며, 일반적인 질문에 답변하고, 고객이 스토어 운영자에게 연락하는 방법을 알려준다. 이러한 페이지는 다음과 같은 내용들을 포함한다.

- **연락처 페이지:** 이 페이지는 고객이 질문이 있을 때 연락할 수 있는 명확한 방법을 제공하거나 자주 묻는 질문(FAQ) 페이지와 같이 답변을 찾을 수 있는 장소를 안내한다. 물리적 주소, 전화번호, 이메일 주소, 연락처 양식 및 고객 지원 시간 등의 유용한 정보를 포함하는 것이 좋다. 라이브 채팅 앱을 설치하여 쇼핑객의 접근성을 더욱 높일 수도 있다.
- **소개 페이지:** 소개 페이지는 비즈니스 모델을 설명하거나 비즈니스를 시작한 이유를

공유한다. 설득력 있는 소개 페이지는 새로운 온라인 스토어의 신뢰를 얻는 데 큰 도움이 될 수 있다. 브랜드 창립자로서 자신을 소개하는 비디오, 수상 경력 및 언론보도에 대한 링크, 공급망을 설명하는 이미지 등 고객에게 우리가 누구이며 무엇을 하는지를 알려주는 데 도움이 되는 요소를 포함할 수 있다.

- **FAQ 페이지:** 자주 묻는 질문 페이지는 보다 일반적인 고객 지원 문의를 해소하는 데 도움이 된다.

- **정책 페이지:** 법적 페이지는 분쟁이 발생할 경우 기업과 브랜드를 보호하는 데 도움이 될 수 있다. 예를 들어 반품 정책과 개인정보 보호 정책이 있으며, '설정 > 정책'에서 설정할 수 있다.

  • **반품 정책:** 반품 및 교환에 대한 스토어의 정책을 설명한다. 관대한 반품 정책은 고객이 자신감을 가지고 구매하도록 도울 수 있다.

  • **개인정보 보호 정책:** 개인정보 보호 정책은 고객에 대한 정보를 어떻게 수집하는지 설명한다.

  • **서비스 이용 약관:** 서비스 이용 약관은 우리와 고객 간에 운영 방식과 보유한 권리를 개요하는 계약이다.

  • **배송 정책:** 배송 정책은 배송 비용, 제조 시간, 배송 지역의 배송 속도에 대한 고객의 기대를 설정하는 데 도움이 된다.

이제 스토어의 소개 페이지('우리의 이야기'라고 한다), 연락처 페이지, 필수 정책 페이지(개인정보 보호 정책, 배송 정책, 서비스 이용 약관)를 만드는 방법을 소개하겠다. 고객의 신뢰를 얻는 데 도움이 될 것으로 판단된다면, 어떠한 페이지를 만들어도 좋다.

[STEP 1] 소개 페이지

소개 페이지는 웹사이트를 구축할 때 업계를 불문하고 가장 처음 디자인할 페이지 중 하나이다. 이 페이지는 'About', 'Story', 'Mission' 등 다양한 이름으로 불릴 수 있지만, 이들은 모두 동일한 핵심 목적을 가지고 있다. 바로 "우리는 이런 사람들입니다."라고 말하는 브랜드 메시지를 담는 페이지라는 점이다.

소개 페이지는 회사, 조직 또는 개인에 대한 정보를 제공하는 웹사이트의 섹션이다. 브랜드의 이야기를 전달하고, 비전을 공유하며, 팀 구성원을 소개하고, 역사와 가치 및 성과를 소개할 수 있는 기회가 된다. 이곳은 고객과의 신뢰와 신용을 구축하는 곳이다.

한 연구에 따르면 설문조사에 참여한 소비자의 59%가 신뢰하는 브랜드에서 더 많이 구매할 가능성이 있다고 응답했다. 이 숫자는 젊은 세대인 Gen-Z 소비자에서 79%로 증가한다. 따라서 소개 페이지는 고객의 의사 결정을 돕기 위해 그들이 가지고 있는 브랜드의 미션과 가치에 대한 호기심을 해결해야 한다.

잠재 고객들은 회사의 미션과 브랜드 가치에 관심이 많다. 그들은 소개 페이지를 통해 자신과 핵심 가치를 공유하는지를 확인하고 이 브랜드 스토어에서 쇼핑을 할지 결정한다. 특히 윤리적이고 지속 가능한 사업과 관련된 가치는 소비자의 구매 전환을 지속적으로 이끌고 있다.

Love LipBalm은 고객에게 보내는 편지 형식으로 간단한 소개 페이지를 만들 것이다. 이 편지는 브랜드의 철학과 비즈니스를 시작한 이유를 설명한다. 누군가 스토어를 방문했을 때 구매에 완전히 확신이 서지 않는다면, 소개 페이지를 방문하여 사랑스럽고 진심이 담긴 메시지를 통해 구매 전환율을 높일 수 있다.

제품 페이지를 설정할 때와 마찬가지로, 원하는 URL을 설정하고 검색 엔진 결과에 어떻게 표시될지를 편집할 수 있다. 페이지의 '검색 엔진 목록 미리보기' 섹션도 편집이 가능하다.

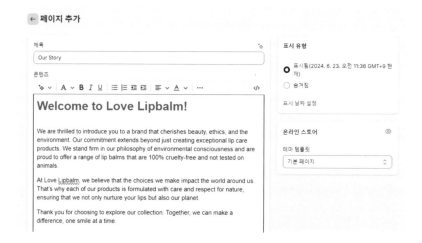

[STEP 2] 연락처 페이지

고객이 문의하거나 지원을 받기 위해 찾을 연락처 페이지를 만들 수 있다. 쇼피파이 계정에 가입하고 스토어를 만들면 초기에 기본적으로 Contact 페이지가 생성되어 있다. 페이지에서 콘텐츠 생성 기능을 사용하여 손쉽게 연락처 페이지 양식을 지정하고, 회사의 연락처 정보를 기입할 수 있다. 그런 다음 고객이 연락할 수 있도록 일부 지침을 작성하거나 FAQ와 같은 다른 페이지로 링크함으로써 고객이 스스로 문제를 해결할 수 있도록 도울 수 있다. 쇼피파이 앱스토어에서 설치 가능한 다양한 라이브 채팅 앱들을 통해 고객들이 더 쉽게 연락할 수 있도록 스토어를 만들 수도 있다.

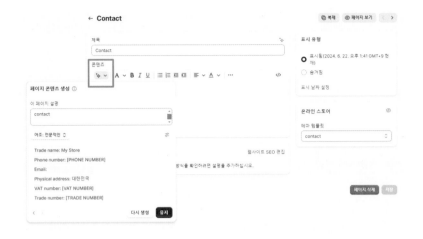

[STEP 3] 정책 페이지

정책 페이지는 고객이 비즈니스 운영 방식 및 브랜드에 기대할 수 있는 사항을 이해할 수 있는 장소이다. 또한 고객 분쟁 발생 시 정책 페이지가 분쟁 해결의 기준이 되기도 한다. 쇼피파이의 '설정 > 정책'에서 반품 및 환불 정책, 개인정보 처리 방침, 서비스 약관, 배송 정책을 등록할 수 있다. 여기서 배송 정책을 제외하고는 쇼피파이에서 기본으로 제공하는 정책 템플릿을 이용하여 나의 비즈니스·지역·법률에 맞게 수정하여 사용할 수 있다. 다만 주의할 점은, 이 템플릿들이 법률적인 자문은 아니라는 점이다. 오직 정보 제공만을 위해 템플릿을 제공하는 것이기 때문에 해당 지역의 법률 대리인의 자문을 받는 것을 추천하고 있다. 템플릿은 정보의 정확성이나 완결성이 보장되지 않으니 신중하게 검토해야 한다.

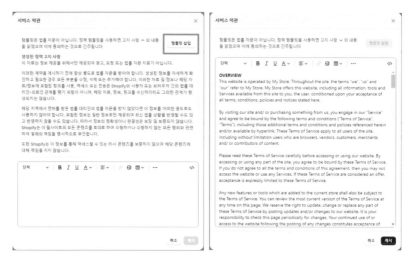

• 템플릿을 사용하여 서비스 약관을 자동 생성한 화면

- **반품 정책:** 반품 및 교환에 관한 정책이 무엇인지, 고객이 반품을 시작할 수 있는 기간은 얼마나 되는지, 제품은 어떤 상태여야 반품 및 교환이 가능한지 상세하게 설명해야 한다.
- **개인정보 보호 정책:** 고객에 대한 정보를 어떻게 수집하는지 설명한다. 어떻게 활용되는지 구체적이고 명확하게 설명되어야 한다.
- **서비스 약관:** 스토어의 운영 방식과 보유 권리를 설명하는 고객과의 계약이다.
- **배송 정책:** 배송 비용, 제조 시간, 배송 속도에 대해 고객에게 고지한다. 배송 정책은 스토어의 상황에 따라 모두 다르기 때문에 별도로 템플릿이 제공되지 않는다.

TIP

반품과 환불은 온라인 비즈니스의 일부이다. 고객이 주문에 만족하지 못하는 이유는 여러 가지가 있다. 제품이 손상되었거나, 잘못된 사이즈를 주문했거나, 기대에 미치지 못했기 때문이다. 또한 많은 구매자들은, 예를 들어 마음에 드는 디자인의 티셔츠를 구매할 때, 집에서 다양한 사이즈를 입어보기 위해 동일한 품목의 여러 사이즈를 구매하는 경우가 많다. 이러한 소비자들의 행동은 '브래케팅(bracketing)'으로 알려져 있다.

만약 적절한 반품 시스템과 명확한 반품 정책이 없으면 고객의 다양한 반품·교환 요청에 많은 시간과 에너지, 비용을 소모하게 된다. 훌륭한 반품 정책과 적절한 시스템을 갖춘다면 반품은 골칫거리가 아닌 새로운 이익 창출의 도구가 되고, 고객 충성도를 높이는 기회로 바뀔 수 있다.

실제로 명확하고 일관된 반품 방식을 제공함으로써 고객의 구매 전환율과 재구매율을 높일 수 있다. 주문에 대해 전액 환불을 해주면 수익성이 감소할 수 있다. 이런 이유로 포괄적인 반품 및 환불 정책을 만들지 않고 문제를 방치하는 것이 유혹적일 수 있지만, 이것은 좋지 않은 결과를 낳는다. 부실한 반품 정책은 시간이 지남에 따라 소셜 미디어 등에서 고객의 불만이 속출하게 하며, 비즈니스의 전반적인 평판에 부정적인 영향을 미칠 수 있다. 또한 반품을 수작업으로 처리하고 고객마다 개별적으로 대응하는 것은 비용이 많이 들고 고객 서비스 직원에게 부담이 될 수 있다. 반품 처리에 사용되는 시간과 비용을 모니터링하고 최적화하지 않는다면 비즈니스 확장이 어려울 수도 있다는 뜻이다.

스토어 테마 선택 및 홈페이지 디자인(랜딩 페이지 구성)

이제 스토어에 제품과 콘텐츠가 준비되었다면, 전체 디자인을 편집하고 다양한 페이지에서 그 변경사항을 확인할 수 있다. 쇼피파이에서 '온라인 스토어 > 테마'로 이동해서 우리 웹사이트가 어떻게 보일지 생각해 볼 시간이다.

전자상거래 테마 선택

첫 번째 단계는 테마를 선택하는 것이다. 온라인 스토어의 구축에서 디자인의 출발점으로 사용할 수 있는 템플릿이다. 쇼피파이는 앞서 언급했던 이커머스에 최적화된 테마들을 제공하고 있으며, 다양한 이커머스 분야에서 알맞게 선택할 수 있도록 여러 가지 테마를 제공한다.

쇼피파이 테마 스토어에서는 무료 및 유료 테마를 제공하며, 각 테마는 고유한 스타일과 기능을 갖추고 있다. 일부 테마는 대규모 제품 카탈로그에 적합한 반면, 다른 테마는 단일 제품 비즈니스에 적합하다. 또한 특정 산업이나 비즈니스 유형에 맞춘 테마, 예를 들어 책 판매를 위한 'Combine 테마'와 같은 것들도 있다.

- 쇼피파이 테마 스토어

완벽한 테마를 선택할 때 고려해야 할 몇 가지 핵심사항이 있다.

- 비즈니스 규모, 카탈로그 크기, 주문량, 산업 및 제품 유형에 따라 테마를 필터링한 다. 예를 들면 일부 테마는 패션 스토어에 더 적합할 수 있고, 또 다른 테마는 대량판 매 비즈니스용으로 설계되어 있다.
- 자동완성 검색 바, 언론보도를 표시하는 섹션 등 나에게 필요한 내장 기능을 가진 테 마인지 고려한다. 무료 또는 유료 쇼피파이 앱을 통해 추가 기능을 상점에 추가할 수 도 있다.
- 각 테마는 여러 스타일을 제공하므로 제품 카탈로그의 크기 및 상점별 미학에 따라 테마와 스타일을 고르도록 한다.
- 색상이나 글꼴을 기준으로 테마를 선택하지 않아야 한다. 이러한 요소들은 나중에 사용자 정의할 수 있다. 쇼피파이 전문가를 고용하여 테마를 사용자화함으로써 독특 하게 만들 수도 있다.

- 대부분의 유료 테마는 구매하기 전에 일정 기간 무료체험을 해 볼 수 있다.
- 무엇보다, 선택한 테마는 언제든지 변경 가능하다는 것을 기억해야 한다. 언제든 마음이 바뀌면 다른 테마를 미리 보고, 현재 스토어에 설치하면 되기 때문에 제품이나 페이지를 다시 만들 필요가 없다.

웹페이지는 첫인상이 중요하다. 잠재 고객이 브랜드와 접촉하는 첫 지점인 웹페이지의 전체적인 디자인은 그들이 브랜드를 더 알아보기로 결정하는 데 결정적인 역할을 한다. 웹사이트의 디자인, 네비게이션, 레이아웃은 잠재 고객을 평생 확보하거나 또는 잃게 만들 수 있다. 이러한 이유로 디자인 테마 선택 단계는 온라인 스토어에서 새 브랜드를 출시하거나 기존 브랜드를 재브랜딩할 때 중요하다. 어떤 브랜드인지, 무엇을 대표하는지를 알리고 그 정체성을 전달하는 시각적 시스템을 확립하는 것이다. 명확한 브랜드 디자인을 갖춘 후에 이를 웹사이트로 전환할 준비를 마쳐야 한다.

쇼피파이의 테마는 코딩 기술 없이도 스스로 디자인할 수 있게 하는 빈 캔버스와 같다. 어떻게 우리 브랜드에 맞는 테마를 선택할 수 있을까? 온라인 스토어를 위한 최적의 웹사이트 테마 선택 시 고려해야 할 사항은 산업, 제품, 예산, 브랜드 스타일, 제품 카탈로그의 크기, 그리고 특정 기능 요구사항이다. 필요한 기능에는 비디오 삽입, 플래시 세일 카운트다운 타이머 또는 브랜드 스토리텔링을 우선시하는 레이아웃이 포함될 수 있다. 만약 브랜드 스토리를 확립하기 위한 브랜딩 작업을 아직 하지 않았다면, 그 작업부터 먼저 시작해야 한다.

쇼피파이 테마 스토어에서는 다양한 옵션을 시도해 볼 수 있다. 테마 스토어에는 커스터마이징이 가능한 100개 이상의 이커머스 웹사이트 테마가 있다. 테마를 사용하면 비용이 적게 들고(전문가를 고용할 필요 없다), 빠르게 시작할 수 있다(코딩 기술이 필요 없다). 특히 저예산으로 시작하는 경우 최근 Online Store 2.0을 지원하는 아래의 네 가지 무료 테마에 주목하자. 모두 독특한 기능을 가지고 있기 때문에 어떤 테마를 사용해야 할지 잘 모르겠거나 쇼피파이를 통한 이커머스 비즈니스에 확신이 서지 않는 경우 좋은 선택이 될 수 있다.

- **Dawn:** 가장 다재다능하며, 모든 카탈로그 크기와 산업에 적합하다.
- **Crave:** 음식 및 음료 브랜드에 잘 맞는 대담한 테마이다.
- **Craft:** 스토리텔링을 강조하는 제작자 브랜드에 적합한, 깔끔하고 최소한의 테마이다.
- **Sense:** 강력한 제품 페이지 옵션을 갖춘 부드럽고 신선한 테마이다.

'Refresh', 'Origin'과 같은 몇 가지 무료 테마를 사용해봤으나 Love LipBalm의 제품 라인이 적고, 많은 기능을 필요로 하지 않기 때문에 'Sense' 테마로 결정했다. 제품 레이아웃, 네비게이션 메뉴의 간결함, 그리고 'Sense' 테마가 시각적 브랜딩에 잘 어울리는 테마라고 생각했다.

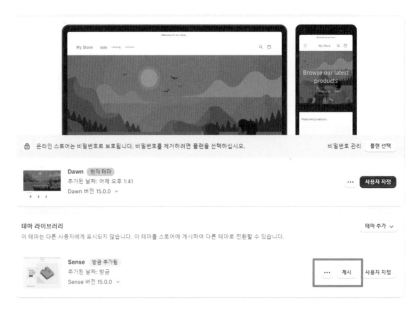

● 테마 스토어에서 테마 선택 후 '게시' 버튼을 클릭하여 현재 테마로 변경할 수 있다.

홈페이지 디자인하기

각 테마는 배열을 바꾸거나 추가, 제거 또는 일시적으로 숨길 수 있는 섹션으로 구성되어 있다. 섹션을 활용하여 스토어의 홈페이지를 어떻게 보여줄지 결정하고 다양한 레이아웃을 시도해 볼 수 있다. 홈페이지 디자인을 결정할 때는 홈페이지가 달성해야 할 목표를 고려하고 이것을 잠재 고객에게 어떻게 보여줄 것인지를 고민해봐야 한다.

- 첫 방문자에 집중하고 브랜드와 판매하는 제품을 빠르게 이해할 수 있도록 해야 한다.
- 재방문 고객을 인식하여 환영해주고, 그들이 찾고 있는 제품과 페이지로 쉽게 이동할 수 있도록 한다.
- 스크롤할 때마다 제품에 대한 관심과 비즈니스에 대한 신뢰를 구축하려고 노력한다.
- 방문자의 구매 의도에 따른 명확한 경로를 만들도록 한다. 비즈니스에 대해 더 알고

싶어 하는 사람들을 위해 'About Us' 페이지를 강조하거나, 다양한 컬렉션을 통해 방문자가 관심 있는 제품을 자체 선택할 수 있도록 할 수 있다.

- 많은 방문자가 모바일 기기로 홈페이지를 탐색할 것이라고 가정하고 디자인한다. 홈페이지는 시간이 지남에 따라 계속해서 수정이 필요하다.

Love LipBalm의 홈페이지는 다음 섹션들을 사용하여 구성할 계획이다.

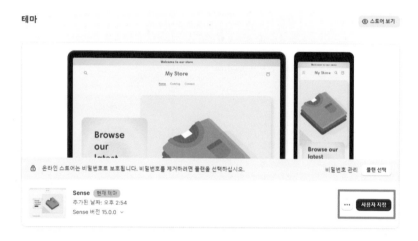

• 온라인스토어 > 테마 > 사용자 지정 버튼을 통해 웹페이지 디자인을 수정할 수 있다.

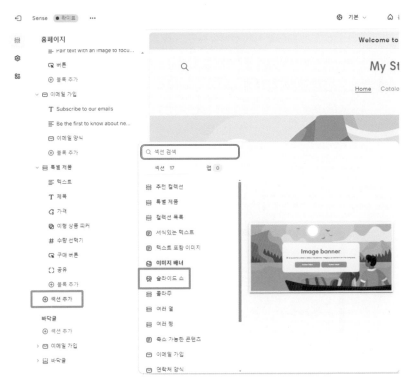

• 섹션 추가 버튼을 클릭하여 원하는 섹션을 추가할 수 있다.

(1) 슬라이드쇼

"Nature's Kiss for Your Lips"라는 슬로건으로 브랜드를 잘 설명하는 슬라이드쇼를 통해 관심을 끌 예정이다. 두 장의 라이프 스타일 이미지를 통해 브랜드가 추구하는 느낌을 전달하려고 한다. 또한 텍스트가 이미지 위에서도 잘 보일 수 있도록 오버레이 투명도를 높였다.

- 이미지를 추가하고 슬라이드 제목과 소제목을 변경할 수 있다.

- 콘텐츠의 위치와 이미지의 투명도, 강조하고 싶은 문구 등을 변경할 수 있다.

(2) 컬렉션 목록

이전에 만든 신상품 컬렉션을 전시한다. 컬렉션 제목은 감성적으로 'Fresh Kiss Collection'으로 수정하고 컬렉션은 1개만 노출시키도록 하겠다. 세 가지 라인을 전시할 예정이다.

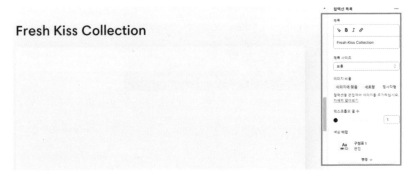

* 컬렉션의 제목을 바꾸고 제목의 사이즈를 조정할 수 있다.

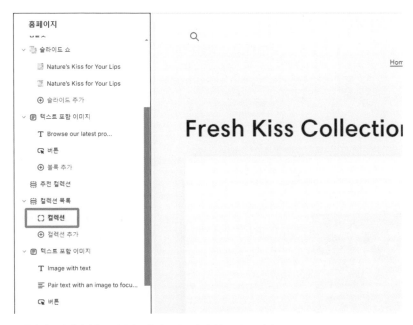

- 하위 메뉴인 컬렉션을 클릭하면 노출하고 싶은 컬렉션을 고를 수 있다.

- 미리 구성해둔 컬렉션을 선택하여 노출시킬 수 있다.

(3) 텍스트 포함 이미지

브랜드를 떠올릴 수 있게 하는 이미지를 사용하고, 'About' 페이지로의 링크와 함께 브랜드의 포지셔닝과 존재 이유를 요약할 예정이다.

• 텍스트 포함 이미지에서는 이미지를 선택하고 이미지의 높이, 폭 등을 설정할 수 있다.

• 텍스트 포함 이미지의 하위 메뉴들을 선택해서 제목과 콘텐츠 문구를 수정했다.

• 텍스트 포함 이미지의 하위 메뉴인 '버튼'을 클릭하여 버튼 레이블의 이름을 수정하고, 버튼을 누르면 이동하는 페이지를 설정했다.

(4) 이메일 가입

모든 방문객이 즉시 구매할 준비가 되어 있지 않기 때문에, 이메일 목록에 가입하도록 적당한 문구를 작성하여 유도할 것이다.

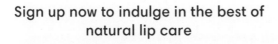

- 이메일 가입 섹션을 수정했다.

(5) 특별 제품

아직 구매 결정을 하지 않은 고객들에게 3개를 한 번에 구매하면 할인 혜택이 있음을 강조할 것이다. 이는 페이지를 끝까지 스크롤한 고객들에게 마지막 구매 경로를 제공하기 위함이다.

- 특별 제품에 노출시키고 싶은 상품을 선택할 수 있다.

홈페이지의 기본적인 레이아웃을 설정해봤다. 앞으로 홈페이지에 '자신에게 맞는 립밤을 선택하는 방법'을 설명하는 섹션을 추가하거나 '왜 입술에도 자외선 차단이 필요한지'를 공유하는 블로그 포스트 갤러리를 추가할 수 있다. 홈페이지에 가능한 많은 정보를 넣으려 하기보다는 비즈니스를 더 잘 설명하는 것에 집중하고, 중요하지 않은 정보는 따로 페이지를 구성하여 보조 페이지로 방문자를 유도하는 전략도 중요하다.

• 특별제품 섹션의 제목은 제품 제목과 연동되기 때문에 제품 제목을 수정하여 반영했다.

탐색 메뉴 사용자 정의

헤더 섹션은 온라인 스토어의 가장 상단 부분을 변경하는 곳으로, 여기에는 탐색 메뉴, 장바구니, 로고가 포함된다. 명확한 스토어의 탐색 메뉴를 만드는 데 중점을 두는 것이 좋다. 탐색 메뉴는 사람들이 웹사이트를 탐색하는 방법이다. 헤더 섹션에서 설정할 수 있는 세 가지의 주요 내비게이션 형태가 있다.

- **메인 내비게이션:** 고객에게 제공하고자 하는 주요 경로를 우선시할 수 있는 상단 메뉴이다. 각 항목 아래에 하위 메뉴(즉 드롭다운 메뉴)를 생성하여 혼잡을 피할 수 있다.
- **푸터 내비게이션:** 처음 방문한 고객에게는 중요도가 높지 않은 페이지가 있다. 하지만 정보가 필요한 사람들이 찾을 수 있어야 하는, 예를 들어 개인정보 방침과 같은 페이지 메뉴를 구조화하는 곳이다.
- **검색:** 헤더에 검색 바를 활성화하여 방문객이 찾고 있는 것을 직접 탐색할 수 있도록 도와준다.

처음부터 너무 많은 선택지를 제공하여 방문자가 혼란을 느껴서는 안 된다. 대신 쇼핑에 중점을 두고, 방문자가 취하길 원하는 행동을 우선시하는 방식으로 탐색 메뉴를 구성할 수 있다. 하나의 메뉴 항목에 여러 드롭다운 레벨을 설정하여 방문자가 찾고 있는 것을 기반으로 점진적으로 더 많은 옵션을 제공할 수 있다. 예를 들어 여성용 제품에 초점을 맞춘 하나의 메뉴 항목 아래에 여러 컬렉션을 그룹화함으로써, 여성이 아닌 남성 고객이 불필요한 구매 여정을 시작하지 않을 수 있도록 하는 것이다.

Love Lipbalm 스토어에는 이를 위해 간단한 내비게이션 구조를 만들 계획이다.

- 메인 메뉴를 'Home', 'Shop', 'About Us', 'Contact'로 구성할 것이다.
- 'About Us' 메뉴를 클릭하면 'Our Story' 페이지가 보이도록 하겠다.

• 온라인스토어 > 탐색 메뉴를 클릭하고 푸터 메뉴와 메인 메뉴를 클릭할 수 있다.

• 기존의 'Catalog' 메뉴를 편집하여 'Shop'으로 변경했다.

- 메뉴 항목 추가를 클릭하고 'About Us' 메뉴를 만들었다. 여기에 링크 검색을 통해 'Our Story'가 연결될 수 있도록 했다.

- 'Shop' 메뉴 아래에 'Single Item', 'Bundle Discount'를 배치할 것이다.

- 동일한 방식으로 'Single Item', 'Bundle Discount' 메뉴 항목을 추가했다.

- 메뉴 항목 앞에 있는 6개의 점을 클릭하면 해당 메뉴의 위치를 이동할 수 있다.

- 특정 메뉴의 하위 계층으로 메뉴를 이동시킬 수 있다.

- 푸터 메뉴에 'Privacy Policy', 'Refund Policy', 'Shipping Policy', 'Terms of Service'를 포함시킬 것이다. 웹사이트 하단 부분에 정책 페이지들을 표시하기 위함이다.

• 푸터 메뉴를 클릭하고 메뉴 항목 추가를 했다. 메뉴 이름을 'Privacy Policy'로 기입하고 미리 설정해둔 정책 페이지의 'Privacy Policy'를 연결시킨다.

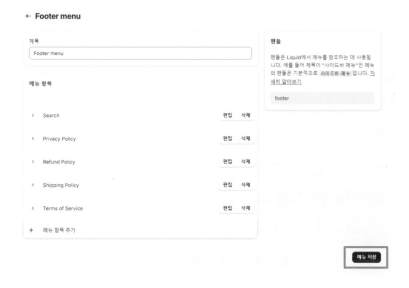

• 동일한 방식으로 정책에 관한 페이지를 모두 보여줄 수 있는 푸터 메뉴를 추가하고 저장했다.

• 홈페이지에 반영된 메인 메뉴

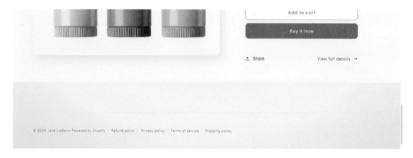

• 홈페이지에 반영된 푸터 메뉴

색상, 타이포그래피(서체) 및 기타 테마 설정

색상과 타이포그래피는 온라인 스토어의 시각적인 정체성에서 중요한 역할을 한다. 온라인 스토어 편집기의 테마 메뉴에서 전체 온라인 스토어의 외관, 느낌을 지정할 수 있다. 브랜드를 구축할 때 가장 먼저 신경 써야 하는 부분이기도 하다. 전문적인 디자이너가 아니더라도 만족스러운 글꼴과 색상 조합을 선택할 수 있다.

스토어의 메인 색상을 설정하는 방법은 다음과 같은 단계를 거칠 수 있다. 다만 이러한 색상 구성표 추가 방식을 사용하는 테마도 있고, 사용 중인 테마에 따라서 색상 적용 방법이 다를 수도 있다.

• 테마 설정 버튼 클릭 > 색상 > 색 구성표 추가　　• Love Lipbalm 스토어 메인 색상 구성표

Love Lipbalm을 생동감 있고 사랑스럽게 보이게 하고 싶어 위와 같은 색상 조합을 만들었다. (사용하고 있는 테마에 따라서 해당 내용이 전체적인 테마에 바로 적용되는 경우도 있지만) Love Lipbalm이 사용하고 있는 Sense 테마는 각 섹션에서 해당 색상 구성표를 수동으로 수정해주어야 한다.

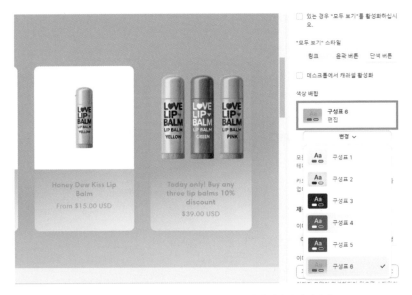

- 각 섹션을 편집하는 곳에서 색상 배합을 선택해주면 스토어의 색상에 반영된다.

글꼴

- **글꼴 선택:** 전체 스토어에서 사용할 글꼴을 두 개(최대 세 개)로 제한하는 것이 좋다.
- **읽기 쉬운 본문 글꼴 선택:** 화면에서 쉽게 읽을 수 있는 산세리프와 같은 글꼴을 선택할 수 있다.
- **도구 사용:** FontJoy와 같은 도구를 사용하여 다양한 글꼴 조합을 실험해 볼 수 있다.

Love Lipbalm 스토어에서는 제목에는 세리프(Serif) 글꼴을 선택하고, 본문에는 모두 산세리프(Sans-serif) 글꼴을 사용하도록 하겠다.

• 테마 설정 > 입력체계 > 글꼴 > 변경

테마 설정에서 로고와 파비콘(Favicon)을 설정할 수 있다. 파비콘은 브라우저 탭, 즐겨 찾기 및 기타 위치에 표시되는 아이콘이다.

결제 맞춤 설정

테마 설정에서 결제 페이지의 외관을 편집할 수 있다. 최소한의 신뢰감을 보장하기 위해 로고를 추가하는 것이 좋다. 필요하다면 결제 설정으로 이동하여 결제 작동 방식을 사용자 정의할 수도 있다(설정 > 결제).

* 일반
* 플랜
* 청구
* 사용자 및 권한
* 지급
* 결제
* 고객 계정
* 배송 및 배달
* 세금 및 관세
* 위치
* 기프트 카드 및 스토어 크레딧
* 마켓
* 앱 및 판매 채널
* 도메인
* 고객 이벤트
* 알림
* 사용자 지정 데이터
* 언어
* 고객 개인정보
* 정책
* 스토어 활동 로그

고객 연락 방법 ⓘ

고객이 결제 시 사용할 연락 방법을 선택합니다
고객에게 알림 설정에서 구성된 주문 및 배송 알림이 전송됩니다

○ 전화 번호 또는 이메일

ⓘ SMS 업데이트를 보내려면 SMS 앱을 설치해야 합니다

○ 이메일

☑ 고객이 Shop로 주문을 추적할 수 있도록 링크 표시
고객은 주문 상태 페이지에서 앱을 다운로드할 수 있게 됩니다

☐ 고객이 결제하기 전에 계정에 로그인하도록 합니다.

고객 정보

전체 이름
○ 성만 요청
○ 이름과 성을 모두 요청하십시오

기업명
○ 포함하지 않음   권장
○ 선택 사항
○ 필수

주소 입력란 2 (아파트, 유닛 등)
○ 포함하지 않음
○ 선택 사항   권장

• 설정 > 결제 메뉴를 클릭하면 고객의 결제와 관련된 다양한 옵션이 보인다.

결제 옵션

다음은 결제와 관련하여 선택할 수 있는 옵션들이다.

- **고객 계정 보유 여부:** 고객이 결제하기 전에 계정에 로그인하도록 할 수 있다. 이는 도매나 회원 전용 스토어에 유용할 수 있다. 일반 고객이 불편함을 느낄 수 있기 때문에 이 부분은 비활성화하여 비회원 구매를 열어둘 예정이다.
- **고객 연락처:** 주문 후 고객이 이메일 또는 SMS 문자메시지로 연락 받는 방식을 선택할 수 있다. 간단하게 하기 위해 이메일만 체크하여 이메일 목록을 구축하는 데 집중하는 것도 고객이 느끼는 불편함을 줄일 수 있는 방법이다.
- **고객 정보 옵션:** 결제 시 성만 요청하거나, 기업명과 같은 추가 정보 기입을 고객의 선택에 맡길 수 있다. 또는 포함하지 않도록 할 수도 있다. Love Lipbalm은 고객의 주문을 이행하는 데 필수적이지 않은 옵션들은 체크하지 않겠다.
- **방치된 결제:** 고객이 결제를 완료하지 않을 때 자동 리마인더 이메일을 설정할 수 있다. 결제 또는 카트에 대한 규칙이 있는 앱이 필요할 수 있다.

중요한 것은 다양한 결제 옵션을 선택할 때 고객의 입장에서 생각해야 한다는 것이다. 연구에 따르면 장바구니에 상품을 추가한 고객 중 거의 70%가 주문을 완료하지 않고 결제 과정을 포기한다고 한다. 결제 시 고객이 최대한 편함을 느끼도록 설정해야 한다.

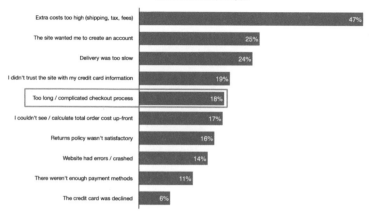

Reasons for Abandonments During Checkout

2,219 responses · US adults · 2023 · © baymard.com/research

"Have you abandoned any online purchases during the checkout process in the past 3 months? If so, for what reasons?"
Answers normalized without the 'I was just browsing' option.

Extra costs too high (shipping, tax, fees)	47%
The site wanted me to create an account	25%
Delivery was too slow	24%
I didn't trust the site with my credit card information	19%
Too long / complicated checkout process	18%
I couldn't see / calculate total order cost up-front	17%
Returns policy wasn't satisfactory	16%
Website had errors / crashed	14%
There weren't enough payment methods	11%
The credit card was declined	6%

• 구매를 중단하는 주요 원인

블로그 설정

경쟁이 치열한 글로벌 이커머스 시장에서 기업은 브랜드를 홍보하고 고객을 유치하기 위한 효과적인 전략이 필요하다. 이러한 목표를 달성하는 데 도움이 되는 강력한 도구 중 하나는 블로그이다. 잘 구성된 블로그는 온라인에서 존재감을 확립할 뿐만 아니라 타깃 고객과 더 깊이 상호작용할 수 있게 해준다.

쇼피파이 스토어를 운영하기 위해서는 쇼피파이 내에 포함된 기능인 블로그의 중요성을 이해해야 한다. 블로그는 쇼피파이 스토어로 트래픽을 유도하고, 브랜드화하며, 전체적인 브랜드 인지도를 올려 온라인에서 존재감을 향상시키는 데 매우 중요하다.

쇼피파이 스토어에는 제품의 고품질 사진이 필요하고, 고객에게 적절하게 제품이 소개되어야 하며, 웹사이트의 레이아웃이 매력적이어야 한다. 블로그도 마찬가지다. 제품의 장점을 더 자세히 설명함으로써 고객을 도울 수 있다. 흥미로운 콘텐츠를 통해 브랜딩에 도움이 되며 전환율을 높이는 데 중요한 전략이 될 수 있다.

Love LipBalm은 이러한 블로그의 장점들을 활용하기 위해서 왜 일상생활에서 립밤을 사용해야 하는지, 즉 일상생활에서 립케어의 중요성에 대해서 설명하는 정보성 블로그 게시물을 발행하고, Love LipBalm의 상품에 대한 고객들의 후기를 배치하여, 신제품에 대한 신뢰도를 높이는 콘텐츠를 업로드하겠다.

• 온라인 스토어 > 블로그 게시물 클릭 > 블로그 게시물 생성

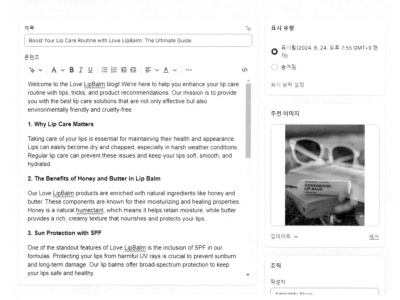

- 블로그 제목 > 콘텐츠 입력 > 이미지 업로드

배송 설정

배송은 이커머스 스토어의 운영에 있어 가장 복잡한 고려사항 중 하나가 될 수 있다. 제품 무게, 포장 비용, 배송지, 운송 요금, 주문당 잠재적 이익 등 다양한 변수를 조율해야 하기 때문이다. 그래서 '배송 전략'이라는 용어를 사용할 정도로 비즈니스의 형태와 필요에 따라 고려해야 할 요소들이 다양하다.

- **무료 배송 제공:** 무료 배송은 고객에게 구매를 유도하는 효과적인 인센티브가 될 수 있다. 특정 제품, 주문 금액([예] $50 이상) 또는 특정 지역에 대해 적용할 수 있다. 하지만 배송은 절대 무료가 아니다. 누군가는 항상 비용을 지불해야 한다. 무료 배송을 실현하기 위해서는 몇 가지 옵션이 있다.
  - **제품 가격 인상:** 배송 비용을 충당하기 위해 제품 가격을 인상한다. (고객이 지불)
  - **자체 배송 비용 부담:** 마진에서 배송 비용을 전액 부담한다. (판매자가 지불)
  - **부분 배송 비용 분담:** 제품 가격을 약간 인상하여 배송 비용의 일부를 충당한다. (판매자와 고객이 함께 지불)
  - **할인코드 제공:** 특정 고객에게 무료 배송을 위한 할인코드를 제공한다.

- **실시간 운송 요금 부과:** 쇼피파이는 USPS, Canada Post와 같은 다양한 운송 업체와 실시간으로 통합되어 배송 옵션과 실시간 가격을 생성한다. 이를 통해 다양한 운송 업체로부터 배송 옵션과 실시간 가격을 생성할 수 있다. 고객은 원하는 서비스와 가격을 정확하게 선택할 수 있다. Shopify Shipping을 통해 운송 업체를 할인된 요금으로 이용할 수도 있다.
- **고정 요금 부과:** 고정 요금 배송은 인기 있는 옵션이다. 이 옵션을 사용할 때 가장 좋은 방법은 고객에게 지나치게 적게 또는 과도하게 청구하지 않도록 하는 것이다. 고정 요금 배송은 크기와 무게가 비슷한 표준 제품 라인이 있을 때 가장 효과적이다. 하지만 크기와 무게가 다양한 제품을 판매하는 경우 고정 요금 배송은 복잡하고 효과적이지 않은 방법이다.
- **현지 픽업/배송 제공:** 온라인 주문을 고객이 직접 현지의 특정 위치에서 픽업할 수 있는 옵션을 제공할 수도 있다. 예를 들어 기업이 위치해 있는 지역의 현지 고객에게 물건을 빠르게 배송하고자 할 때 좋은 옵션이다. 현지 배송을 설정할 때 지역 반경 또는 우편번호 목록을 사용하여 배송 지역을 맞춤 설정할 수 있다. 정의된 배송 지역 내에 있는 고객은 결제 시 '현지 배송'을 배송 방법으로 선택할 수 있다. 일정 주문금액 이상에 대해 무료로 현지 배송을 제공하거나 저렴한 비용으로 제공하면 배송 비용을 절감하고, 더 많은 현지 고객을 확보할 수 있다.

이러한 다양한 방법들을 통해 효율적이고 고객 친화적인 배송 전략을 구축할 수 있다. 다음과 같은 방식으로 배송을 설정하여 다양한 배송 설정 방식을 보여주겠다.

- 캐나다와 미국으로의 배송: $8 고정 요금
- 캐나다/미국으로의 무료 배송: $30 이상 구매 시 적용
- 기타 국가로의 실시간 운송 요금: 다양한 운송 업체와 실시간으로 통합하여 옵션 제공

배송 구역 설정하기

배송 전략은 쇼피파이의 '설정 > 배송'에서 구현할 수 있다. 여기에서 특정 국가의 고객에게 배송 요금을 설정할 수 있는 배송 구역을 만들 수 있다. 이러한 전략을 통해 효율적이고 고객 친화적인 배송 서비스를 제공할 수 있다.

- 설정 > 배송 및 배달 클릭 > 일반 배송 요금 > 요율의 '>' 클릭하여 편집

- 요금 추가를 눌러서 배송 지역을 설정

- 배송 지역을 생성

- 지역 이름은 임의로 북미로 설정하고 캐나다, 미국을 검색하여 배송지역으로 체크

배송 출발지

📍 **Shop location**
대한민국   ✏️

배송 지역   지역 생성

🌐 **북미** ⌄   ⋯
미국, 캐나다

⚠️ 요금 없음. 이 지역의 고객은 결제를 완료할 수 없습니다.

요금 추가

🚫 **배송 지역에 포함되지 않음**
26개국가 또는 지역 ⌄

지역 생성

- 요금 추가를 클릭하고 세부 정보 입력

요금 추가   ✕

요금 유형

균일 요금 사용   ⌄

배송료

사용자 지정   ⌄

사용자 지정 요금 이름

북미 전용 배송 요금

배송 설명 사용자 지정(선택 사항)

가격

$ 8.00

조건부 가격 추가

결제 미리 보기

⚫ 북미 전용 배송 요금 $8.00

취소 **완료**

- 배송료 옵션의 이름과 배송료 설정(이해를 돕기 위한 한글 표기)

조건부 배송 요금 설정

방금 만든 배송 구역 내에서 요금 추가(Add rate) 버튼을 사용하여 특정 조건에 따라 요금을 설정할 수 있다. 예를 들어 주문이 특정 금액에 도달하면 무료 배송을 제공할 수 있다. 또는 주문이 특정 무게를 초과하면 배송 요금을 인상할 수 있다.

일반적으로, 고객이 주문에 더 많은 아이템을 추가하도록 유도하여 배송 비용과 시간을 절약하면서 판매당 수익을 높일 수 있다. 그래서 고객이 더 많이 구매하도록 유도하기 위해 '$30 이상 주문 시 무료 배송'을 인센티브로 사용할 것이다. 이렇게 함으로써 고객에게 더 큰 가치를 제공하고, 동시에 배송 비용을 효과적으로 관리할 수 있다.

요금 유형

균일 요금 사용	⌃⌄

배송료

사용자 지정	⌃⌄

사용자 지정 요금 이름

Free Shipping

배송 설명 사용자 지정(선택 사항)

가격

$ 0.00	무료

조건부 가격 제거

○ 아이템 무게 기준

● 주문 가격 기준

최소 가격		최대 가격	
$ 30.00		$ 제한 없음	

결제 미리 보기

● Free Shipping   무료

* 조건부 배송 요금 설정 화면

실시간 계산된 배송 요금 설정

실시간 배송 요금은 제품을 추가할 때 입력한 배송 세부 정보와 패키지 크기를 기반으로 한다. 이 설정은 '설정 > 배송' 페이지에서 입력할 수 있다. 그런 다음 고객은 결제 시 선호하는 서비스와 요금을 선택할 수 있다.

추가 비용을 감안하여 취급 수수료를 포함하도록 이러한 요금을 조정할 수도 있다. 예를 들어 포장 비용, 작업 시간과 같은 추가 비용을 택배 서비스 요금에 더하여 요금을 조정하는 것이다. 이렇게 하면 고객이 다양한 배송 옵션을 선택할 수 있을 뿐만 아니라, 판매자가 추가 비용을 커버할 수 있어 효율적인 배송 전략을 구축할 수 있다.

요금 추가   ×

요금 유형

배송 업체나 앱을 사용하여 요금 계산하기 ⌄

DHL Express(Shopify의 할인 요금) ⌄

결제 화면에 표시되는 요금은 고객 주소, 주문의 중량 및 치수를 기준으로 합니다

향후 서비스

☑ 새 배송 서비스가 사용 가능해지면 자동으로 배송 서비스가 고객에게 표시됩니다.

취급 수수료
포장 및 취급 비용을 고려하여 계산 요금을 조정하십시오.

백분율   균일 금액

0   % $ 0.00

취소   **완료**

- 배송 업체나 앱을 사용하여 배송 요금 설정 화면

세금 설정

상품이나 서비스를 판매하는 스토어는 고객이 주문할 때마다 정부에 보내기 위해 세금을 징수해야 한다(일부 관할 구역에서는 디지털 상품에 대한 예외가 적용될 수 있다). 쇼피파이는 전 세계 기본 판매 세율을 사용하여 대부분의 세금 계산을 자동으로 처리하는 데 도움을 준다. 그럼에도 불구하고, 정확한 판매 세금을 부과하고 있는지 확인하기 위해 세무 전문가에게 문의하는 것이 가장 권장되는 방법이다.

특정 제품이나 배송에 대한 세금과 같이 지역에 대한 특정 요구사항이 있는 경우 기본 세금 설정을 재정의할 수 있다. 쇼피파이에서 '설정 > 세금'으로 이동하여 세금 지역을 설정할 수 있다. 여기에서 기본 세율을 수정하거나, 특정 조건이 지역 또는 제품에 적용되는 경우 재정의를 적용할 수 있다.

이후 '분석 > 보고서'에서 얼마나 많은 세금을 징수했는지 확인할 수 있다. 이러한 방법을 통해 정확하고 효율적으로 세금을 관리할 수 있다. 방금 설명한 내용은 세금에 대한 조언이 아니다. 세금과 관련된 내용은 비즈니스를 운영하면서 정말 중요한 내용이기 때문에 조금이라도 확실하지 않은 경우 반드시 세무 전문가와 상담해야 한다. 쇼피파이는 판매 세금을 대신 신고하거나 납부하지 않는다.

결제 게이트웨이 및 지급 설정

이제 스토어가 결제를 수락하는 방법과 스토어의 소유자로서 어떻게 지급 받을지를 결정해야 한다. '설정 > 지급'으로 이동하여 결제 제공 업체를 설정할 수 있다. 결제 게이트웨이가 없으면 판매자는 민감한 결제 데이터를 직접 처리해야 하므로 사기 위험이 높아지고, 결제 방법 및 처리 가능한 통화가 제한될 수 있다. 전자상거래 결제 게이트웨이에는 분석, 사기 방지, 다양한 결제 방법 및 통화 지원과 같은 추가 기능이 포함되는 경우가 많다.

'Shopify Payments'를 통해 모든 주요 결제 수단을 통합하는 것이 매우 쉬워졌다. 지원되는 국가에서 스토어 운영이 금지된 비즈니스로 간주되지 않는 한, 단 한 번의 클릭으로 Shopify Payments를 활성화할 수 있다. 그러나 아쉽게도 대한민국은 Shopify Payments가 지원되는 국가가 아니다. 많은 기업과 브랜드가 쇼피파이 스토어를 운영하며 아쉬움을 표현하는 부분이다.

따라서 100개 이상의 제3자 결제 제공 업체 중에서 한국의 사업자를 지원하면서 다양한 결제 수단을 제공해주는 결제 서비스를 선택하거나, 페이팔(PayPal)과 같은 추가 결제 옵션을 통해서 이 문제를 해결할 수 있다. 이

외에도 쇼피파이를 통해 한국 내에서 이커머스 비즈니스를 진행하게 되는 경우라면 카카오페이, 네이버페이 등 한국의 간편결제 방식까지 포함된 결제 서비스를 제공하는 업체를 선택할 수 있다.

앞서 소개한 추가 결제 옵션인 페이팔은 활성화 버튼을 통해서 간편하게 결제 설정을 할 수 있다.

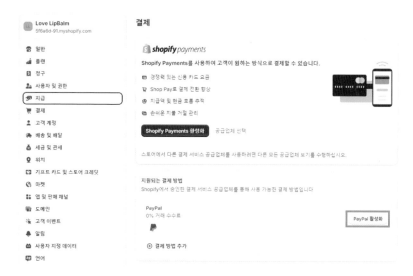

• 페이팔 활성화 버튼을 통해서 간편하게 결제 설정을 할 수 있다.

- 설정 > 일반 > 스토어 기본설정 > 통화 표시에서 스토어 기본 통화를 변경할 수 있다.

스토어 출시를 위한
준비 단계

　지금까지 진행한 모든 작업을 통해 바로 스토어를 출시할 수 있다. 쇼피파이 플랜을 선택하고 '온라인 스토어 > 기본 설정'에서 비밀번호 보호 기능을 비활성화하면 고객들이 제품을 구매할 수 있다. 하지만 아직 스토어를 출시하기 위한 최적의 상황은 아니다. 아래의 몇 가지 단계가 남았다.

- 맞춤 도메인 추가
- 관련 판매 채널 설치
- 이메일/SMS 알림 사용자 정의(선택사항)

(1) 맞춤 도메인 추가

　도메인을 구매하는 것은 인터넷에서 토지의 소유권을 주장하는 것과 같다. 그래서 이를 '웹 주소'라고 부른다. 맞춤 도메인을 설정하면 쇼피파이 계정에 가입하고 스토어 이름을 기반으로 생성된 기본 URL을 대체하는,

완전히 브랜드화된 URL의 사용이 가능해진다([예] yourstore.myshopify.com을 공개 URL로 사용하지 않고 yourstore.com을 구입하여 내 스토어의 웹 주소로 사용할 수 있다).

'설정 > 도메인'에서 쇼피파이를 통해 도메인을 직접 구매하거나 다른 등록기관에서 도메인을 이전하여 스토어에 연결할 수 있다. Love LipBalm 브랜드의 경우, 초기 사업 아이디어를 구상하는 단계부터 해당 'lovelipbalm.com' 도메인이 사용 가능함을 확인했기 때문에 쇼피파이를 통해 lovelipbalm.com 도메인을 구매할 예정이다. 이제 lovelipbalm.com이 스토어의 URL이 된다. 이렇게 맞춤 도메인을 설정하면 브랜드 인지도를 높이고, 고객이 더 쉽게 기억할 수 있는 URL을 제공함으로써 신뢰감 있고 전문적인 이미지를 형성할 수 있다.

• 설정 > 도메인에서 새 도메인을 구매하거나 기존에 구매해둔 도메인을 연결할 수 있다.

Love LipBalm
5f6a6d-91.myshopify.com

- 일반
- 플랜
- 청구
- 사용자 및 권한
- 지급
- 결제
- 고객 계정
- 배송 및 배달
- 세금 및 관세
- 위치
- 기프트 카드 및 스토어 크레딧
- 마켓
- 앱 및 판매 채널
- 도메인
- 고객 이벤트
- 알림
- 사용자 지정 데이터
- 언어

← 새 도메인 구매

도메인 검색
도메인

lovelipbalm

✓ **lovelipbalm.com** 사용 가능   도메인 구매
$15.00 USD / 년

기타 결과

✓ lovelipbalm.ca $17.00 USD/년   구매

✓ lovelipbalm.net $18.00 USD/년   구매

✓ lovelipbalm.org $15.00 USD/년(첫 1년)   구매
                           $17.00 USD/년(첫 1년 이후)

✓ lovelipbalm.store $9.00 USD/년(첫 1년)   구매
                           $53.00 USD/년(첫 1년 이후)

✓ lovelipbalm.shop $10.00 USD/년(첫 1년)   구매
                           $34.00 USD/년(첫 1년 이후)

5개 결과 더 표시

• '새 도메인 구매'를 클릭하면 구매 가능한 도메인을 검색할 수 있다.

(2) 관련 판매 채널 설치

쇼피파이를 사용한 스토어 운영의 중요한 장점 중 하나는 내 브랜드의 온라인 스토어가 제품을 판매할 수 있는 많은 판매 채널 중 하나일 뿐이라는 점이다. 즉 제품을 추가 판매 채널에 연결하면 잠재 고객이 있는 여러 곳에서 판매할 수 있으며, 내 온라인 스토어의 쇼피파이 계정에서 제품, 재고 및 보고서를 한 번에 볼 수 있으므로 이커머스 비즈니스의 상황을 통합적으로 파악할 수 있다.

모든 판매 채널을 바로 연결할 필요는 없지만, 적절한 고객에게 제품을 노출시키기 위해 새로운 판매 채널이 필요할 때 이들을 염두에 두는 것이 좋다. 모든 판매 채널이 비즈니스에 적합하지는 않겠지만 주요한 판매 채널로의 확장은 고려해야 한다.

- **Shopify POS:** 쇼피파이 전용 포스(Point of Sale) 솔루션으로, 오프라인 매장이 있을 때 사용 가능하다. 오프라인 매장과 온라인 쇼피파이 스토어를 자동으로 연동해주고 재고를 쉽게 동기화할 수 있다. 하지만 국내에서는 해당 서비스를 지원하지 않는다.
- **소셜 네트워크:** 페이스북 페이지의 페이스북 샵, 인스타그램 게시물의 제품 태그, 핀터레스트 등을 통해 제품을 판매할 수 있다.
- **마켓플레이스:** 많은 쇼핑객이 아마존이나 이베이, 월마트와 같은 마켓플레이스에서 구매 여정을 시작한다. 이러한 판매 채널은 쇼피파이 온라인 스토어와 동기화할 수 있다.
- **구글 채널:** 구글은 세계에서 가장 인기 있는 검색 엔진이다. 구글 채널을 통해 구글 쇼핑 캠페인을 운영하고 구글 검색 결과의 쇼핑 탭에 무료로 제품을 나열할 수 있다.

판매 채널을 추가하기 위해서는 쇼피파이 앱 스토어에서 전체 판매 채널 목록을 확인하고, 목표로 하는 판매 채널을 확장할 수 있는 앱을 설치한다. 그런 다음 제품 페이지의 게시 섹션에서 어떤 판매 채널에서 판매할 것인지 선택할 수 있다. 이러한 다양한 판매 채널을 통해 브랜드 인지도를 높이고, 더 많은 잠재 고객에게 다가가며, 궁극적으로 판매를 증대할 수 있다.

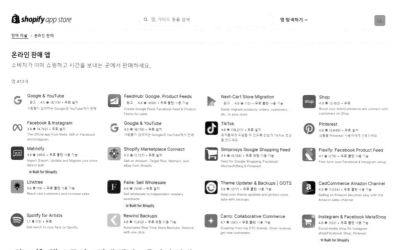

• Shopify 앱 스토어 – 판매 채널 – 온라인 판매

(3) 이메일/SMS 알림 사용자 정의(선택사항)

쇼피파이에는 고객에게 주문 확인, 상태 업데이트 등을 알리기 위한 자동 이메일 및 SMS 알림이 포함되어 있다. 스토어가 활성화되고 비즈니스가 확장되면서 특정 정보를 전달하거나 브랜드적인 요소를 더 잘 반영하기 위해 이러한 알림을 사용자 정의해야 하는 경우, '설정 > 알림'에서 편집할 수 있다.

• 설정 – 알림 – 고객 알림 화면

스토어 마케팅

마케팅은 비즈니스마다 다르지만, 어떤 전략을 사용하든 최대한의 효과를 얻기 위해서는 가능한 빠르게 올바른 기초를 설정하는 것이 중요하다.

분석

쇼피파이 보고서(분석 메뉴)는 자동으로 웹사이트 활동에 따라 수집되는 디지털 데이터를 모니터하고 분석할 수 있는 도구이다. 모든 판매 채널에서 스토어가 생성한 트래픽과 판매를 모니터링하는 데 도움이 될 뿐만 아니라, 시간이 지남에 따라 비즈니스를 개선할 수 있는 귀중한 통찰력을 제공한다. 보고서를 통해 다음과 같은 사항을 파악할 수 있다.

- 트래픽과 판매가 어디서 오는지
- 전체 온라인 스토어 전환율
- 시간에 따른 트래픽과 판매 추이 등

이러한 데이터 분석을 통해 비즈니스 운영의 효율성을 높이고, 마케팅 전략을 최적화하며, 더 나은 고객 경험을 제공할 수 있다. 또한 보다 세분화된 분석을 위해 Google Analytics를 무료로 설정할 수 있다.

소셜 미디어 마케팅

소셜 미디어 마케팅은 소셜 플랫폼을 사용하여 콘텐츠를 공유하고 자연스럽게 잠재 고객을 모으는 것과 유료 소셜 광고를 운영하는 것을 포함한다. 비즈니스를 위해 소셜 미디어 마케팅에서 최대의 효과를 얻기 위한 몇 가지 팁은 다음과 같다.

- **모든 채널이 필요하지는 않다:** 타깃 고객이 이미 많이 활동하고 있는 채널부터 시작해야 한다. 예를 들어 타깃 고객이 젊은 세대(Z세대)라면 틱톡은 중요한 마케팅 채널이 될 수 있다.
- **판매하지 말고 가치를 더하라:** 광고와 브랜드 콘텐츠는 사용자의 피드에 자연스럽게 흘러가는 유기적인 콘텐츠와 조화를 이루어야 한다. 관련 있고, 시기적절하며, 도움이 되는, 플랫폼에 맞는 콘텐츠로 가치를 더하는 게 좋다.
- **일관성을 유지하라:** 소셜 미디어에서 브랜드가 온라인 스토어에서와 동일한 방식으로 나타나도록 해야 한다. 일관된 색상, 이미지, 톤을 유지해야 한다.
- **SNS 판매 전략을 사용하라:** 각 채널에서 쇼핑 기능을 활성화하고 바이오 링크를 활용하여 팔로워를 제품, 랜딩 페이지, 콘텐츠로 유도하는 전략을 활용한다.

이러한 전략을 통해 소셜 미디어 마케팅의 효과를 극대화하고, 브랜드 인지도를 높이며, 더 많은 고객에게 도달할 수 있다.

검색 엔진 최적화(SEO)

많은 잠재 고객이 구매 여정의 일환으로 구글 및 기타 검색 엔진을 활용한다. 친구를 통해 알았거나 어디선가 들은 제품을 찾기 위해서일 수도 있고, 구매를 위한 가격 및 품질 비교를 하기 위해서일 수도 있다.

온라인 스토어의 페이지와 제품이 이러한 검색 결과에 보이도록 작업하는 것은 유료 광고 없이도 브랜드 및 제품과 관련된 트래픽을 스토어로 유입시킬 수 있다. 그러나 이러한 트래픽을 늘리는 마케팅 전략은 원하는 목표 성과에 도달하기까지 상당한 시간이 걸린다. '검색 엔진 최적화(SEO)'라고 불리는 마케팅 전략을 통해 올바른 트래픽 유입 및 향상의 기초를 다질 수 있으며, 대표적이고 기본적인 SEO 관련 설정은 스토어에서 제품을 등록할 때 이미 살펴봤다.

스토어의 또 다른 SEO 고려 영역은 '설정 > 기본 설정' 아래에서 찾을 수 있는 제목(Title) 및 메타 설명(Meta Description) 필드이다. Love LipBalm 스토어의 경우, 사람들이 내 비즈니스를 찾기 위해 검색할 수 있는 키워드를 기반으로 비즈니스에 대한 설명을 포함하고자 한다.

Ubersuggest 또는 Keyword Surfer(Chrome 확장 프로그램)와 같은 무료 키워드 조사 도구를 사용하여 사람들이 특정 키워드를 한 달에 몇 번 검색하는지와 해당 키워드와 관련된 검색 유형을 추정할 수 있다. 예상 월간 검색량은 항상 100% 정확하지 않으며, 인기가 많은 검색일수록 경쟁이 치열해진다. 검색 엔진의 역할은 사용자에게 가장 관련성이 높으면서 신뢰도 있는 결과를 보여주는 것이므로 비즈니스와 직접 관련된 키워드를 우선시하면서도 검증된 정보들을 사용하는 것이 좋다.

다음은 Love LipBalm을 예로 들어 가장 간단한 키워드 연구에서 나올 수 있는 주요 발견사항을 설명한 것이다.

- **브랜드 이름:** "Love LipBalm"
- **비즈니스 설명:** "Love LipBalm offers moisturizing lip balms made with natural ingredients and SPF protection."
- **관련 키워드:** "Natural Lip Balm", "Moisturizing Lip Balm", "SPF Lip Balm"

- 온라인 스토어 – 기본 설정 화면: 소셜 미디어나 직접 메시지에서 내 스토어 링크가 공유될 때마다 브랜드 이미지를 보여주기 위해 소셜 공유 이미지를 추가한다.

많은 사람들이 다양한 립밤 브랜드를 비교하는 콘텐츠에 관심이 많고, 찾기 위해 검색을 한다. 따라서 블로그에 관련 검색어 중심으로 콘텐츠를 작성할 수 있다.

지금까지 시장조사와 경쟁사 분석을 통해 잠재력 있는 상품을 찾고, 구체적인 상품을 예시로 쇼피파이 스토어에 직접 적용하는 방법을 배웠다.

또한 다양한 기능을 살펴보면서 어떻게 스토어를 그리고 내 사업을 효율적으로 관리하고 확장할 수 있는지에 대한 기술을 익혔다. 단순하게 스토어 하나를 만드는 것을 배운 것이 아니라, 지속 가능한 온라인 비즈니스를 구축할 수 있는 핵심 기술을 알게 된 것이다.

나만의 브랜드 스토어를 만들었다는 것은 단지 첫 걸음을 뗀 것에 불과하다. 앞으로의 성장을 위해서는 새로운 전략이 필요하고 이것을 지속적으로 테스트해봐야 한다. 이를 위한 가장 적합한 비즈니스 모델이 바로 '드롭쉬핑'이다. 드롭쉬핑 비즈니스를 통해서 잠재 고객의 요구를 빠르게 반영하고, 계속적으로 새로운 사업을 테스트해볼 수 있다. 변화하는 글로벌 이커머스 시장에서의 경쟁력을 유지하기 위한 좋은 방법이 바로 드롭쉬핑이다.

강의를 진행하는 저자진

제 3 부

쇼피파이로 글로벌 이커머스 시작하기

(드롭쉬핑 실전 전략)

CONTENTS

1장	드롭쉬핑, 비용을 줄이고 리스크를 최소화하라
2장	알리익스프레스로 쇼피파이 드롭쉬핑 스토어 시작하기
3장	알리익스프레스에서 공급업체와 지속적인 관계 구축 – 브랜딩 강화
4장	드롭쉬핑 스토어 구축 시 필요한 도구
5장	마케팅

1장

드롭쉬핑, 비용을 줄이고
리스크를 최소화하라

이제 여러분은 온라인 스토어를 구축하는 데 필요한 핵심적인 기술들을 알고 있다. 다음 단계는 적은 자본과 리스크로 어떻게 많은 제품을 소싱하고 판매할 수 있을지에 대한 실질적인 전략을 알아야 한다. 그것이 바로 드롭쉬핑이다. 드롭쉬핑은 초기 자본이 부족하거나 제품, 재고 관리의 부담 없이 해외 판매를 진행할 수 있는 최적의 방법이다.

직접 물류를 관리하지 않기 때문에 투자금이 적으며, 제품이 팔릴 때마다 해당 상품을 공급업체에 주문하는 방식으로 운영할 수 있다. 물론 이러한 과정을 자동화할 수 있다는 장점이 있다. 다양한 카테고리의 상품을 테스트하면서도 최소한의 비용으로 사업을 운영할 수 있다.

드롭쉬핑을 위해 사용할 수 있는 쇼피파이의 앱은 정말 많다. Zendrop, Auto-DS, CJ Dropshipping 등 정말 다양한 도구들이 드롭쉬핑 비즈니스를 지원한다. 본 책에서는 가장 대표적 방법인 알리익스프레스의 상품을 'DSers'라는 앱을 통해 연동하는 방법을 구체적으로 설명하고, 드롭쉬핑 스토어 운영을 위한 구체적인 팁을 전달하겠다. 이러한 과정을 통해서 드롭쉬핑의 구조를 더 쉽게 이해할 수 있으며, 비즈니스 확장을 위한 기초를 마련할 수 있다.

구체적인 과정을 보자면 드롭쉬핑 스토어를 통해서 판매가 이루어지고, 주문 내역을 공급업체에 전달하면 공급업체가 고객에게 직접 배송을 처리한다. 이렇게 하면 우리는 마케팅, 브랜딩과 같은 상대적으로 지속 가능한 온라인 비즈니스의 기초를 다지는 작업에 집중할 수 있다.

특히 알리익스프레스를 통한 드롭쉬핑은 쉽고 간편하게 시작할 수 있다. 따라서 처음 온라인 이커머스 비즈니스를 하고자 하는 사람들에게 가장 접근성이 높은 방법이며, 해당 비즈니스 모델에 대한 이해와 경험을 쌓기에 효과적이다. 재고나 배송을 관리할 필요가 없으므로 드롭쉬퍼는 온라인 스토어 구축과 인기 있는 제품 선택에 집중할 수 있다.

TIP

드롭쉬퍼란 고객 주문을 받아 공급업체에 전달하는 사람이나 사업체를 말한다. 즉 쉽게 말해 드롭쉬핑 스토어를 운영하는 사람이다. 드롭쉬퍼는 제품을 마케팅하고 판매하기 위해 온라인 스토어를 운영한다. 고객이 제품을 구매하면 드롭쉬퍼는 해당 주문을 공급업체에 전달한다. 예를 들어 반려동물 제품을 판매하는 온라인 드롭쉬핑 스토어를 운영하고 있다고 가정하면, 고객이 고양이 목걸이를 구매하면 스토어 운영자는 그 주문을 반려동물 용품을 보유한 공급업체에 전달한다. 따라서 '드롭쉬퍼'라는 용어는 공급업체가 아니라 드롭쉬핑된 제품의 판매자로 정의된다.

드롭쉬핑 비즈니스를 시작하는 것은 이커머스 세계에 진입하는 훌륭한 방법이지만, 신뢰할 수 있는 공급업체를 찾는 것은 어려울 수 있다. 그렇기 때문에 많은 온라인 셀러들이 주문 처리 과정을 단순화하는 DSers와 같은 자동화 도구를 사용하여 알리익스프레스를 통해 드롭쉬핑을 선택한다.

2장

알리익스프레스로
쇼피파이 드롭쉬핑 스토어 시작하기

알리익스프레스 (AliExpress)란?

알리익스프레스는 수백만 개의 제품이 판매되는 거대한 글로벌 B2B/B2C 마켓플레이스이다. 2010년에 설립되었으며 세계 최대의 전자상거래 회사 중 하나인 중국 기반의 알리바바(Alibaba)가 소유하고 있다.

알리익스프레스에 입점된 대부분의 공급업체는 중국에 기반을 두고 있으며 해당 지역의 제품을 미국을 포함한 220개의 국가로 배송한다. 배송에 걸리는 시간은 보통 영업일 기준 15일에서 45일까지 소요될 수 있다. 트렌디한 제품을 저렴한 가격에 찾을 수 있으며 의류, 보석류, 전자제품 및 홈데코에 이르기까지 다양한 제품을 발견할 수 있다. 아마존, 이베이 등 다른 마켓플레이스와 달리 알리익스프레스는 플랫폼의 공급업체와 드롭쉬핑 스토어를 쉽게 연결할 수 있도록 설계되었다.

알리익스프레스는 드롭쉬핑을 허용하는 플랫폼이다. 따라서 드롭쉬퍼가 판매할 제품을 찾는 데 도움이 되는 기능들이 탑재되어 있다. DSers와 같은 드롭쉬핑 앱의 도움으로 알리익스프레스에서 쉽게 무료로 드롭쉬핑을 시작할 수 있으며, 몇 번의 클릭만으로 알리익스프레스에 있는 상품을 나의 쇼피파이 스토어로 제품을 가져올 수 있다.

다음은 DSers와 같은 알리익스프레스 드롭쉬핑 앱이 작동하는 방식이다.

- 알리익스프레스에서 판매하고 싶은 상품을 검색
- 드롭쉬핑 앱을 사용하여 제품을 선택
- 판매 가격을 설정
- 제품을 쇼피파이 스토어로 가져오고 제품 목록을 편집
- 주문을 받으면 드롭쉬핑 앱이 이를 알리익스프레스 판매자에게 전달
- 알리익스프레스 판매자가 제품을 결제한 고객에게 직접 배송

알리익스프레스를 통해 드롭쉬핑 비즈니스를 운영하는 것은 무료이다. Doba, Worldwide Brands와 같은 경쟁 마켓플레이스는 상품 공급업체와의 거래를 위해 월별 요금을 청구하지만, 알리익스프레스에서는 그러한 별도의 비용이 없다. 적은 초기 비용으로 드롭쉬핑 비즈니스를 시작하려는 경우에는 알리익스프레스에서 사전 비용 없이 판매할 제품을 쉽게 찾을 수 있다.

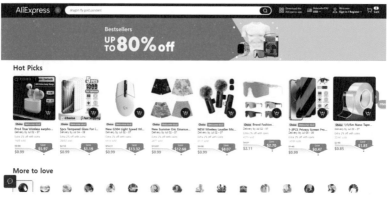

• 알리익스프레스 메인 페이지

알리익스프레스를 활용한 드롭쉬핑의 이점

우리는 알리익스프레스에서 상품을 직접 구매하는 것에 익숙하고, 실제로 알리익스프레스도 아마존이나 이베이와 같이 온라인 B2C 마켓플레이스로 포지셔닝하고 있지만, 알리익스프레스에 입점된 대부분의 판매자들은 그들 고객의 상당수가 B2B 방식의 드롭쉬핑 비즈니스에 관심이 있다는 것을 이해하고 있다.

따라서 알리익스프레스의 많은 판매자는 이미 사용 가능한 제품 사진과 기본 제품 정보를 보유하고 있다. 하지만 제공해주는 사진과 제품 정보를 그대로 사용하는 것보다 더 좋은 이미지를 만들고, 고객을 사로잡는 제품 설명에 투자하는 것이 드롭쉬핑 스토어의 성패를 좌우한다. 결론적으로 알리익스프레스를 통한 드롭쉬핑은 사이트에서 제품을 구매하고 주문을 받은 후 고객의 주소를 입력하는 것만큼 간단하다는 것이 최대 장점이다.

쇼피파이를 활용한 알리익스프레스 드롭쉬핑몰 구축

[STEP 1] 알리익스프레스에서 적절한 드롭쉬핑 제품을 선택

스토어를 설정하는 첫 번째 단계는 판매할 틈새시장에 적합한 드롭쉬핑 제품을 선택하는 것이다. 어디서 시작해야 할지 모른다면 알리익스프레스의 제품 카테고리를 살펴본 후 무엇에 가장 관심이 있거나 자신 있게 판매할 수 있을지를 생각해볼 수 있다.

가장 권장되는 방법은 앞서 언급했듯 먼저 시장조사 및 경쟁사 조사를 진행하여 틈새시장을 정한 후, 알리익스프레스에서 해당 카테고리에 속한 제품들을 찾아 나의 스토어에서 판매할 제품을 선택하는 것이다. 그럼에도 선택할 수 있는 제품과 공급업체가 많기 때문에 선택이 쉽지는 않을 것이다. 좋은 드롭쉬핑 상품을 찾기 위해 알리익스프레스에서 제품을 선택할 때 고려해야 할 다섯 가지 기준을 소개하겠다.

드롭쉬핑으로 팔릴 만한 상품인지 검증하는 팁

(1) 브랜드 제품, 가짜 상품(짝퉁) 피하기

기존 브랜드가 있는 제품은 선택하지 않는다. 그래야 가짜 상품 및 모조품을 내 스토어에서 판매하는 위험을 피할 수 있다. 우리는 권한이 있는 판매자가 아니기 때문에, 비록 실제 브랜드 정품이라고 해도 권한 없이 브랜드 제품을 판매하는 위험은 감수할 필요가 없다. 이로 인해 제품 선택이 제한될 수 있지만, 이것은 스토어를 합법적으로 유지하고 지속 가능한 비즈니스 모델을 만드는 데 도움이 된다. 전자제품의 액세서리와 같이 로고가 그렇게 중요하지 않은 제품 카테고리를 선택하는 것도 좋은 방법이다.

(2) ePacket 무료 배송

가능하면 무료 ePacket 배송을 제공하는 드롭쉬핑 제품에 집중하는 것이 좋다. 대부분의 알리익스프레스 제품 목록은 중국 또는 홍콩에서 배송이 시작되므로, ePacket 배송은 소형 상품을 미국으로 배송하는 데 있어 가장 경제적이고 빠른 옵션 중 하나이다.

TIP

ePacket은 글로벌 이커머스를 위한 국제 배송 서비스이다. 주로 중국 및 홍콩에서 미국을 포함한 다른 나라로 소형 상품을 빠르고 저렴하게 배송하기 위해 개발되었다.

판매자가 비록 무료로 ePacket 배송을 제공하지 않더라도, ePacket 배송의 선택은 여전히 중국에서 아메리카 및 유럽으로 제품을 배송하는 데 가장 비용적으로 효율성이 높고 신뢰할 수 있는 배송 옵션일 가능성이 높다.

(3) 300건 이상의 주문

과거 주문이 많은 제품은 일관된 수요가 있음을 나타내며, 공급업체가 신뢰할 만하다는 것을 보여준다. 주문량이 많다는 것은 반복 구매가 몇 번이라도 있을 가능성이 높다는 의미이다.

• 필터 옵션을 사용하여 주문 수가 많은 제품을 정렬할 수 있다.

(4) 높은 구매 평점

알리익스프레스의 필터 메뉴에는 가격, 주문 수, 무료 배송 및 평점으로 정렬 및 필터링할 수 있는 옵션이 있다. 간단한 필터 메뉴를 사용하여 제품 선택 범위를 좁힐 수 있다. 4.5점 이상으로 평점이 높은 제품은 이 판매자가 긍정적인 피드백을 받았음을 증빙한다. 이렇게 판매자의 평점을 살펴보는 것도 좋은 방법이지만, AliExpress Seller Check와 같이 더 객관적일 수 있는 제3자 도구를 사용할 수도 있다.

(5) 낮은 가격과 높은 마진 가능성

많은 드롭쉬퍼들은 도매가격이 $1에서 $20인 제품을 찾는다. 이러한 제품은 보통 쇼피파이 드롭쉬핑 스토어에서 $20에서 $50로 판매될 수 있다. 이를 통해 고객을 유치하기 위한 마케팅 비용에 더 많은 예산을 편성할 수 있고, 수익성 있는 비즈니스 모델을 만들 수 있다.

[STEP 2] 믿을 수 있는 공급업체 선택

드롭쉬퍼로서 온라인 스토어에서의 좋은 고객 경험을 만들기 위해 정확한 제품 목록을 제공하고, 제품을 신속하게 발송하며, 높은 품질 보증 기준을 유지하는 공급업체를 선택해야 한다. 따라서 단순히 저렴한 가격을 제공하는 도매업체보다는 신뢰할 수 있는 공급업체를 선택할 필요가 있다.

(1) 공급업체의 통계를 확인

알리익스프레스는 판매자의 이름 옆에 피드백 등급을 나타내는 백분율이 표시된다. 최소 95% 이상의 만족도를 달성한 공급업체와 협력하는 것을 추천한다. 판매자의 이름을 클릭하면 피드백의 상세한 내역을 확인할 수 있다. 공급업체가 알리익스프레스에 입점한 후 활동해온 기간도 확인할 수 있으니 오랜 경험과 좋은 리뷰를 가진 공급업체를 찾을 수 있다.

- 상품 페이지에서 판매자 이름을 클릭하면 해당 정보를 볼 수 있다.

(2) 많은 고품질 제품 사진을 보유한 업체

제품 사진이 다른 판매자의 판매 페이지에서 가져온 것이 아니라 제조업체가 직접 제작한 사진인지 확인하는 것이 중요하다. 구글 이미지 검색을 통해 제품 사진이 원본인지 확인할 수 있다. 유통업체가 아닌 직접 제조하는 업체를 찾으면 더 낮은 단가로 제품의 품질도 어느 정도 보장 받을 수 있다.

(3) 의사소통이 원활한 공급업체

주문하기 전에 공급업체에게 직접 질문하는 방법을 적극적으로 사용해야 한다. 신뢰할 수 있는 판매자는 모든 질문에 신속하게 답변한다. 공급업체가 메시지에 응답하지 않는다면 해당 제품을 과감하게 포기하는 것이 좋다.

(4) 테스트 주문

공급업체와의 거래를 결정하기 전에 테스트 주문을 해보는 것이 좋다. 이는 배송 시간과 제품 품질을 포함한 고객 경험을 직접 먼저 평가해보는 데 도움이 된다.

[STEP 3] 쇼피파이 드롭쉬핑 스토어 구축

앞서 쇼피파이 스토어를 구축하는 스텝별 튜토리얼을 자세하게 설명했다. 해당 과정을 통해서 실제로 잘 작동할 수 있는 스토어를 만들 수 있다. 드롭쉬핑을 위한 쇼피파이 스토어를 구축하는 단계에서는 브랜딩과 스토어 디자인에 대해 처음부터 너무 걱정하지 않아도 괜찮다. 알리익스프레스에서 찾은 상품을 온라인 스토어에 추가하고, 상품에 맞게 스토어의 다양한 부분을 편집하고 실제 판매 및 마케팅을 위한 다양한 기능을 추가할 수 있다.

[STEP 4] 쇼피파이 스토어에 알리익스프레스 상품 추가

쇼피파이 스토어의 일반적인 부분을 설정하고 제품의 카테고리와 공급업체를 정했다면 이제 제품을 추가해야 한다. 우선 제품을 추가할 때 일반적으로 고려해야 하는 사항들을 알아보고, 실제로 DSers를 통해서 제품을 추가하는 방법을 설명하겠다.

• 제품 추가에서 텍스트 생성을 클릭, 핵심 키워드를 추가하면 제품 설명이 자동으로 나온다.

- **제품 설명 작성:** 알리익스프레스의 많은 제품 설명은 전문 카피라이터가 작성하지 않았다. 즉 제품의 이점을 고객에게 충분히 설명하기 어렵다고 볼 수 있다. 내 스토어만의 고유한 제품 설명을 생성하는 것을 권장하며, 이는 고객의 구매 전환을 도와준다. 이 과정을 더 쉽게 하기 위해 ChatGPT 또는 쇼피파이 내에 탑재된 AI를 사용하여 타깃 고객에게 맞는 제품 설명을 빠르게 만들 수 있다.
- **배송 시간 안내:** 제품 페이지(또는 스토어의 다른 위치)에 배송 예상 시간을 포함하는 것이 좋다. 대부분의 알리익스프레스 공급업체가 중국에 위치해 있기 때문에 배송 시간이 평균보다 길 수 있으며, 공급업체에 따라 최대 30일 이상이 걸릴 수도 있다.
- **주문 추적 앱 사용:** 긴 배송 시간으로 인해 구매한 제품이 어디에 있는지 묻는 고객의 이메일을 받을 수 있다. 쇼피파이 앱 스토어의 주문 추적 앱을 사용하여 고객에게 구매 상태를 지속적으로 업데이트할 수 있다.
- **무료 배송 제공:** 저렴한 배송비는 경쟁 우위 중 하나가 될 수 있다. 무료 또는 저렴한 배송을 제공하는 알리익스프레스 판매자를 찾을 수 있다면, 고객에게 무료 배송을 강조할 수 있다.
- **적절한 가격 책정:** 제품 가격을 도매가의 약 두 배로 설정하는 것이 일반적인 드롭쉬퍼들의 판매가 설정 방법이다. 50% 마진은 비즈니스를 지속 가능하게 만들어 주며, 마케팅 및 스토어 운영에 필요한 비용을 충당할 수 있다.

DSers 앱을 활용한 쇼피파이 스토어 상품 등록

1) 쇼피파이 앱 스토어에서 DSers 앱 설치 후 알리익스프레스 계정과 연동해야 한다.

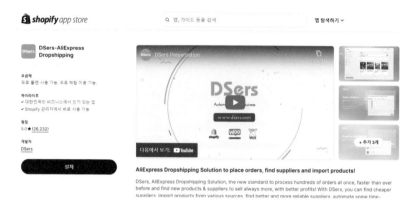

- 쇼피파이 앱 스토어에서 DSers를 검색 후 설치한다.

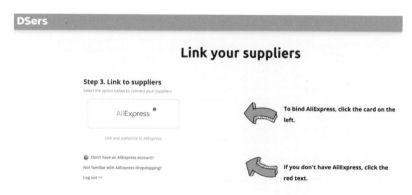

- DSers 웹페이지에서 알리익스프레스와의 연동이 필요하며, 계정이 없다면 가입 필수이다.

2) 판매하고자 하는 상품 또는 카테고리의 키워드를 검색 후 'Orders'로
정렬한다.

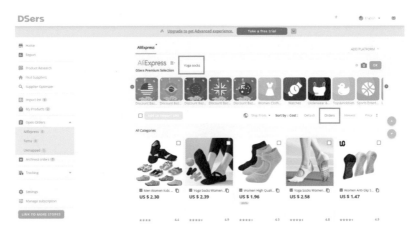

- 'Yoga socks'를 검색하면 알리익스프레스의 상품이 검색되고, Orders로 정렬한다.

3) 원하는 상품을 클릭하면 알리익스프레스의 판매페이지로 연결되고
리뷰 점수, 배송 기간, 배송 조건 등을 체크한다.

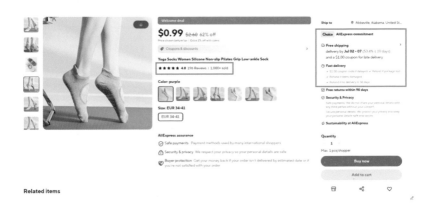

- 알리익스프레스 상품 페이지에서 믿을 수 있는 공급업체인지 확인한다.

4) 'Supplier Optimizer' 버튼을 클릭하여 해당 상품을 판매하고 있는 모든 공급업체를 확인한다.

* 돋보기 아이콘을 클릭하면 동일 상품을 판매하는 공급업자들을 찾을 수 있다.

5) 'Sale Number'가 높은 순으로 정렬하여 가장 높은 판매량을 보이는 상품을 클릭하고, 다시 상품 판매 페이지를 보면서 리뷰, 배송 기간 등을 체크한다.

Products	Supplier	Price	Shipping Price	Sale Number	Reliability	Rating
Ladies Backless Non-Slip Yoga Socks Silicone Breathable Pilates Socks for Women Fitness Ballet Dance Cotton Gym Socks Slippers	AliExpress	US $ 2.28	-	2786	-	★ 4.9
Yoga Socks Women Silicone Non-slip Pilates Grip Low-ankle Sock	AliExpress	US $ 2.58	-	1243	4.8	★ 4.8
New Women High Quality Bandage Yoga Socks Anti-Slip Quick-Dry Damping Pilates Ballet Fitness Socks Breathable Gym Sports Socks	AliExpress	US $ 2.03	-	563	4.7	★ 4.8

* 판매량 순으로 정렬하여 가장 많이 팔린 상품을 클릭하고 조사해볼 수 있다.

이 페이지에서 검색한 상품이 최초 DSers에서 키워드를 검색하고 찾았던 상품과 비슷하지만 다른 상품일 가능성도 있기 때문에 주의하여 상품의 동일성 여부를 판단해야 한다. 또한 동일상품의 공급업체 탐색 시 상품의 현재 공급 가격분만 아니라 판매량, 리뷰 점수까지 종합적으로 살펴보면서 반드시 판매량만으로 상품과 공급업체를 판단하지 않는다.

6) 'Add to import list'를 클릭하여 선택한 상품을 내 쇼피파이 스토어로 연결하는 작업을 시작한다.

- 상품 키워드 결과 페이지와 상품의 공급업체를 찾는 supplier optimizer 화면에서 모두 import list에 상품을 추가할 수 있다.

7) 'Import list'를 클릭한 후 'Edit product'를 클릭하여, 쇼피파이 스토어로 상품을 등록하기 전 해야 할 세팅을 시작한다.

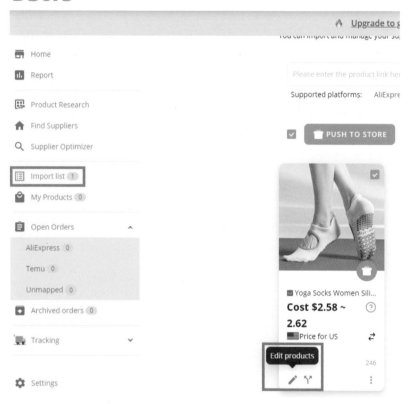

8) 앞서 쇼피파이 스토어 구축 설명에서 SEO를 위해서 제품과 관련된 키워드를 찾은 것처럼, 상품과 관련된 키워드를 찾아서 상품명을 적절하게 수정한다.

9) 스토어에 추가하고 싶지 않은 상품의 하위 옵션이 있다면 해당 옵션들은 삭제한다.

10) 앞서 제품 설명에 대해 말했듯이 해당 부분은 제품의 차별화와 브랜딩적 요소로서 중요하다. 따라서 공급업체에서 작성해둔 'SPECIFICATION'의 기존 내용은 삭제하고 새롭게 작성한 제품 설명을 추가하거나 'OVERVIEW'의 내용을 복사해 상품 설명 부분에 추가하는 방식으로 활용 가능하다.

11) 알리익스프레스 공급업체가 제공하는 이미지 중에서 쇼피파이 스토어에 노출시키고 싶은 이미지를 선택하고 저장을 클릭한다.

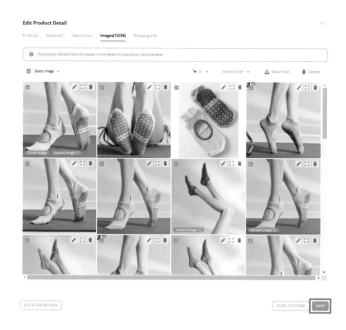

12) 'PUSH TO STORE' 버튼을 눌러서 제품을 쇼피파이 스토어로 연동시킨다.

13) Import(가져오기)하고 싶은 스토어를 선택하고, 체크가 끝났다면 'PUSH TO STORE' 버튼을 클릭한다.

• DSers를 통해서 알리익스프레스의 상품이 쇼피파이 스토어로 등록되고 있는 화면

14) 쇼피파이 스토어로 이동하여 제품 메뉴로 들어가면, 알리익스프레스에서 선택한 상품이 제대로 나의 스토어에 등록되었는지 확인이 가능하다.

15) 등록된 상품에 대한 제품 제목, 설명, 미디어, 옵션(이형 상품)에 대한 수정이 필요하다면 앞서 쇼피파이 스토어 구축에서 제품 등록을 설명한 것처럼 해당 부분을 수정할 수 있다. 이때 상품의 가격은 알리익스프레스의 상품 공급가격이 그대로 연동되었기 때문에, 적절한 판매 가격으로 변경해야 한다. 추가적으로 검색 엔진 목록의 편집을 통해서 검색 엔진 최적화도 진행하는 것을 추천한다.

이형 상품 · 모두 확대	가격	사용 가능
pink 이형 상품 1개 ∨	$ 2.58	7
white 이형 상품 1개 ∨	$ 2.61	28

전체 위치의 총 재고: 35개 사용 가능

메타 필드

모두 보기

검색 엔진 목록

편집

Yoga Socks Women Silicone Non-slip Pilates Grip Low-ankle Sock

https://powerbankzoom.com/products/yoga-socks-women-silicone-non-slip-pilates-grip-low-ankle-sock

Yoga Socks Women Silicone Non-slip Pilates Grip Low-ankle Sock Product Description: Enhance your yoga, pilates, and barre workouts with our Women's Silicone Non-slip Yoga Socks. These low-ankle grip socks are designed to provide superior comfort and stability, ensuring you stay grounded and focused during your practice...

3장

알리익스프레스에서 공급업체와 지속적인 관계 구축 – 브랜딩 강화

계속해서 드롭쉬핑 스토어를 운영하고 성장시키다 보면 자신이 속한 틈새시장에서 품질 좋은 공급업체를 파악하게 될 것이다. 반복되는 드롭쉬핑팁 중 하나는 신뢰할 수 있는 공급업체와 관계를 구축하는 것이다. 이를 통해 더 나은 가격으로 제품을 공급 받을 수 있고, 주문을 빠르게 처리할 수 있도록 협력할 수도 있다.

드롭쉬핑의 성공은 공급업체와 드롭쉬퍼 간의 관계의 질에 달려 있다. 드롭쉬핑 방식은 일반적인 이커머스의 비즈니스 형태와 다르다. 따라서 알리익스프레스의 공급업체와 협력하기로 결정했다면, 드롭쉬핑이라는 점을 정확하게 전달하는 것이 매우 중요하다.

드롭쉬핑 공급업체와 신뢰를 구축하려면 그들과 지속적인 관계를 구축하고 유지하는 것이 필수적이다. 먼저 쇼피파이 스토어에 제품을 올려 테스트하고 고객을 유치할 수 있는지 확인한다. 두세 번의 판매 후, 공급업체에게 친근한 메시지를 보냄으로써 관계를 더 잘 구축할 수 있다. 메시지는 너무 상세하거나 길지 않아야 한다. 초기부터 견고하고 지속적인 관계를 유지하면 최고의 드롭쉬핑 협력사를 만들 수 있다. 이 접근 방식은 이후 성공적인 협업을 가져온다.

대부분의 알리익스프레스 공급업체는 WeChat 또는 WhatsApp을 사용하여 소통한다. 본격적인 회의를 제안하여 비즈니스 관계를 구축하는 것이 좋다. 계속해서 매출을 발생시키고 소통에 집중하다보면 일부 판매자는 제품에 로고를 넣거나 맞춤형 인보이스 및 브랜드 삽입물을 배송 패키지에 포함시키는 것을 도와줄 것이다. 일부 드롭쉬핑 사이트에서 유료 제공되는 서비스들을 알리익스프레스 공급업체와의 좋은 관계 구축을 통해서 무료로 받을 수도 있다.

이제 드롭쉬핑 공급업체와의 비즈니스를 확장해야 한다. 확장은 대량으로 판매할 준비가 되었을 때 실행된다. 공급업체와의 커뮤니케이션을 강화하여 제품을 부스팅할 방법을 찾아야 한다. 동시에 경쟁력 있는 제품의 가격에 대한 협의도 필요하다. 공급업체에게 우리의 판매 전략을 자세히 설명하여 전체 과정에 함께 참여할 수 있게 해야 한다. 이를 위해 몇 가지 중요한 실무 단계를 거쳐야 한다.

1. 알리익스프레스의 중국어 버전을 방문하여 원하는 제품과 브랜드를 찾는다.
2. 검색창에 거래하고자 하는 제품을 입력한다.
3. 중국에서의 평균 가격이 표시되면 협상을 시작할 수 있다. 드롭쉬퍼로서 미국과 중국 웹사이트 간의 가격 차이를 공급업체에게 보여주면, 공급업체는 다음 단계를 준비할 것이다.
4. Skype, WhatsApp 또는 WeChat을 사용하여 공급업체와 연락을 취한다. 공급업체가 이러한 채널을 통한 소통을 거부한다면, 그들은 드롭쉬핑 도매업체가 될 준비가 되지 않은 업체이니 과감하게 다른 업체를 찾아야 한다. 잠재적인 공급업체는 즉각적으로 반응하며 협력할 준비가 되어 있어야 한다.

알리익스프레스는 드롭쉬핑 센터 그 이상의 역할을 한다.

알리익스프레스 공급업체에게 드롭쉬핑을 하고 있음을 적극적으로 알리고, 이후 공급업체와 신뢰가 구축되면 트렌디하지만 찾기 어려운 물건이나 가격이 너무 비싸서 판매하기 어려운 물건의 경우 공급업체에 경쟁력 있는 제품을 찾아서 우리에게 판매해달라고 요청할 수 있다. 해당 제품이 성공 가능성이 있음을 객관적인 데이터로 보여주면 된다.

알리익스프레스 공급업체는 실제 드롭쉬핑 센터로서 이커머스 드롭쉬핑 시장에서 어떤 제품이 트렌디하고 많이 팔리는지 잘 알고 있다. 신뢰 관계를 구축하면 그들은 우리가 제품을 연구하고 찾는 데 훌륭한 파트너가 될 것이다. 그들은 단순히 드롭쉬핑 제품을 공급해주는 플랫폼의 개념을 넘어 비즈니스를 발전시키고 시간과 비용을 절약하는 데 도움을 준다.

드롭쉬핑 계약의 문서화도 중요하다.

반드시 계약이 필요하지는 않지만, 공급업체와 신뢰할 수 있는 비즈니스 관계를 구축하기 위해 계약을 체결하는 것을 꼭 추천한다. 왜냐하면 공급업체는 언제든지 마음을 바꿀 수 있고, 주문을 이행하지 않거나 제품 발송을 거부할 수 있기 때문이다. 당사자 간의 계약 체결은 발생할 수 있는 위험으로부터 나의 비즈니스를 보호하기 위해 반드시 필요한 수단이다.

드롭쉬핑 스토어 구축 시 필요한 도구

고객 데이터 활용

고객 데이터를 적극적으로 활용해야 한다. 효율적인 마케팅 진행뿐만 아니라 공감을 불러일으키는 브랜드 목소리를 만드는 데 중요한 출발점이다. 데이터에 기반한 고객을 이해한다는 것이 하루아침에 가능한 일은 물론 아니지만, 이커머스에서 필요한 능력 중에 하나이므로 데이터에 대한 이해도를 꾸준히 높여서 데이터 기반으로 판단하고 객관적으로 비즈니스를 운영해나가야 한다. Shopify Dashboard의 분석은 웹사이트 방문자, 판매 및 마케팅 캠페인에 대한 60개 이상의 상세한 보고서를 통해 통찰력을 제공한다. 이 보고서를 사용하여 가장 인기 있는 제품과 사람들이 스토어로 유입되고 '장바구니에 추가'를 클릭하게 하는 마케팅 콘텐츠에 대한 명확한 이해가 가능해진다.

쇼피파이 보고서를 사용하여 타깃 잠재 고객에 대한 이해를 늘려야 한다. 다음과 같은 질문에 대한 대답을 생각해야 한다.

- 어떤 유형의 마케팅 콘텐츠가 내 잠재 고객의 참여를 유도하는가?
- 어떤 제품이 고객의 재구매를 만들어내는가?

- 내 스토어의 방문자는 주로 어디에서 오며, 어떤 기기를 사용하여 들어오는가?

- 고객이 가장 중요하게 생각하는 제품 특징은 무엇인가?

- 내 청중이 선호하는 브랜드는 무엇이고, 어떤 브랜딩 요소를 좋아하는가?

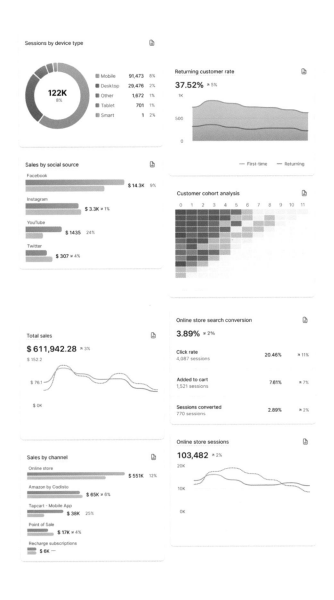

고객 지원 강화

드롭쉬퍼는 재고를 직접 관리하지 않지만, 상품 자체와 배송에 대한 문제는 고객 지원의 가장 큰 부분을 차지한다. 특히 불만을 가진 고객의 요청을 잘못 처리하게 되면 부정적인 리뷰와 높은 반품률로 이어질 수 있기 때문에 관리가 필요하다. 제품과 배송에 반복적인 문제가 발생하면 새로운 공급업체를 찾을 필요가 있을 수 있다. 하지만 가끔 발생하는 오류인 경우 미리 대비하고 대응책을 마련해야 한다.

- **문제 인정하기:** 고객에게 사과하고 해결책을 설명한다.
- **고객 보상:** 환불, 교환 또는 제품 업그레이드를 제공한다.
- **공급업체 관여:** 좋은 공급업체는 실수 비용을 부담해야 한다.

Shopify Inbox를 사용하여 스토어에 채팅 기능을 추가함으로써 고객 지원을 강화할 수 있다. 자동 인사말로 대화를 시작하고, 고객에게 이용 가능 시간을 알려주며, 이메일을 통해 문제를 쉽게 처리할 수 있다. 소셜 프루프 앱을 사용하여 제품 페이지에 고객 리뷰를 추가하는 것도 좋은 방법이다.

다양한 마케팅 채널

앞서 언급했듯 아마존 등의 오픈마켓 플랫폼과 쇼피파이의 가장 큰 차이점 중 하나는 비즈니스를 운영하는 나 스스로가 잠재 고객을 모집해야 한다는 것이다. 경쟁이 치열한 마케팅 플랫폼에서 경쟁 우위를 점할 수 있는 디지털 콘텐츠 및 광고를 통해 경쟁자보다 고객을 먼저 확보해야 한다. 소셜 미디어, 이메일 등 여러 마케팅 채널의 특성에 익숙해져야 하고, 적극적으로 사용하여 해당 서비스를 이용하는 이용자들을 깊이 이해함으로써 브랜드를 홍보하고 스토어로 트래픽을 유도해야 한다.

이메일 마케팅

누군가가 이메일 뉴스레터를 구독한다는 것은 스토어의 제품에 관심이 있다는 신호이다. Shopify Email을 사용하여 맞춤형 이메일 콘텐츠를 제작하고 전송하여 제품 구매까지 연결되게 해야 한다. 템플릿을 선택하고 스토어에서 직접 브랜드 및 제품을 불러와서 고객들의 행동패턴에 맞추어

적절한 시기에 자동으로 이메일을 발송할 수 있다. 이메일 마케팅은 고객과 지속적이고 직접적인 대화를 가능하게 한다. 쇼피파이 내에서 이메일을 관리하고 메시지를 정교하게 만드는 작업이 필요하다.

소셜 미디어 마케팅

소셜 미디어 마케팅은 비즈니스를 확장하는 훌륭한 방법이다. 유료 소셜 광고는 예산을 조절할 수 있어 비용 관리를 용이하게 한다. 다양한 소셜 미디어 채널별로 관심사, 온라인 행동, 팔로우하는 계정에 따라 청중이 세분화되어 있어 제품에 관심을 가질 가능성이 높은 사용자를 타깃팅할 수 있다. 만약 광고 예산이 없더라도 쇼피파이는 소셜 미디어에서 판매하기 쉽게 도와준다. 페이스북 및 인스타그램 앱을 설치하여 재고를 동기화하고 구매 가능한 게시물을 만들어 고객이 직접 제품을 구매할 수 있도록 할 수 있다.

ChatGPT를 활용한 드롭쉬핑

[STEP 1] ChatGPT를 사용하여 높은 수요가 있는 틈새시장 찾기

드롭쉬핑 비즈니스를 시작할 때 중요하게 생각해야 하는 것은 바로 높은 수요가 있는 틈새시장을 선택하는 것이다. 수요가 높은 틈새시장을 선택하면 사람들이 실제로 구매하고자 하는 제품을 선택할 수 있어 드롭쉬핑 비즈니스의 운영에 드는 시간과 노력을 절약할 수 있다.

컴퓨터에서 ChatGPT를 실행하고 2024년 온라인 스토어를 위한 높은 수요가 있는 틈새시장에 대한 프롬프트를 시작한다. AI 도구는 단 몇 초 만에 우리가 선택할 수 있는 50가지 아이디어 목록을 생성할 것이다.

이제 드롭쉬핑을 위한 틈새 아이디어 목록이 있으니, 이 목록에서 내 비즈니스에 가장 적합하다고 생각되는 것을 선택할 수 있다. 이 목록에서 선택하면 더 이상 수동으로 조사할 필요가 없고, ChatGPT가 정보를 수집했기 때문에 시간을 절약할 수 있다. 물론 시장조사 및 키워드 분석을 통해서 ChatGPT가 수집한 정보가 사실인지 검증하는 단계는 필요하다.

[STEP 2] ChatGPT로 스토어 이름 아이디어 생성하기

ChatGPT를 사용하여 스토어 이름 아이디어를 생성하는 것은 드롭쉬핑 비즈니스의 시작에 있어 시간을 단축시키는 방법 중 하나이다. 특히 새로운 비즈니스를 시작할 때는 이름을 찾는 것이 어려울 수 있다. 고객을 끌어들이는 동시에 스토어의 신뢰성을 보여주는 이름을 선택하는 것이 좋다.

ChatGPT 화면으로 돌아가서 선택한 특정 틈새시장에 대한 스토어 이름 아이디어를 요청할 수 있다. 가능한 한 많은 스토어 이름 아이디어를 요청하고 선택하면 된다. 이 선택을 통해 스토어를 공식적으로 시작할 수 있는 훌륭한 아이디어를 얻을 수 있다. 하지만 ChatGPT가 제안한 스토어 이름을 선택하기 전에 진행해야 할 중요한 단계가 있다. 앞서 'Love LipBalm'이라는 이름을 선택했을 때처럼, 해당 이름을 도메인으로 사용할 수 있는지 조사하는 것이다.

[STEP 3] 제품 페이지 작성하기

드롭쉬핑 비즈니스에서 성공하고 성장하기 위해 가장 중요한 일 중 하나는 제품 페이지(제목 및 설명)를 작성하는 것이다. 검색 엔진 최적화(SEO) 원칙을 적용하여 잠재 고객이 관련 검색 결과에서 내 스토어의 제품 목록을 쉽게 찾을 수 있도록 해야 한다.

제목과 제품 목록을 최적화하려면 ChatGPT를 사용하여 제목을 생성할 수 있다. 먼저 특정 틈새시장에 대한 연구를 기반으로 키워드를 도출해내고, 이 키워드를 포함한 상품 제목을 사용하여 AI 프롬프트에 SEO 최적화된 대체 제목을 제공하도록 요청할 수 있다. 이때 선택한 스토어나 브랜드 이름을 포함시켜야 한다. ChatGPT는 제목 아이디어 목록을 제공할 것이다. 그 중 특정 제품을 잘 보여줄 수 있고 검색 결과에서 쉽게 발견될 수 있는 제목을 선택하면 된다.

제목을 완료한 후에는 동일한 접근 방식으로 제품 설명을 작성할 수도 있다. ChatGPT는 상세하고 최적화된 설명을 생성하여 드롭쉬핑 스토어의 제품 설명에 해당 내용을 추가할 수 있다. 제품 설명에 포함할 기능을 구체적으로 지정하여 가능한 한 포괄적으로 만드는 것을 추천한다.

[STEP 4] ChatGPT를 사용하여 소셜 미디어 콘텐츠 생성하기

드롭쉬핑을 위한 ChatGPT 전략에서 또한 중요한 것은 소셜 미디어 콘텐츠 작성이다. 드롭쉬핑 비즈니스를 위해 소셜 미디어 정체성을 보여주고 존재감을 드러내는 것은 더 많은 잠재 고객에게 도달할 수 있도록 하기 때문이다.

인스타그램, 페이스북과 같은 다양한 플랫폼을 위한 소셜 미디어 콘텐츠의 생성에 ChatGPT를 사용할 수 있다. ChatGPT를 사용하여 소셜 미디어에서 스토어를 홍보했을 때 좋은 점은 ChatGPT가 사용할 수 있는 콘텐츠를 제공할 뿐만 아니라 캡션과 함께 사용할 사진, 동영상의 종류에 대한 추가 지침도 제공한다는 것이다. 따라서 ChatGPT는 소셜 미디어 콘텐츠에 대한 아이디어를 브레인스토밍하거나 청중을 지속적으로 참여시키는 새로운 아이디어를 얻으려고 할 때 매우 유용한 도구이다.

[STEP 5] ChatGPT를 사용하여 광고 카피 생성하기

마지막으로 드롭쉬핑 비즈니스에서의 ChatGPT 사용법 중 하나는 광고 카피를 생성하는 것이다. 구글이나 소셜 미디어를 위한 광고를 사용할 때 ChatGPT는 대상 잠재 고객을 사로잡기 위한 최적화되고 잘 작성된 콘텐츠를 생성할 수 있다. 광고 카피는 짧은 형식 또는 긴 형식 중에서 선택할 수 있다.

ChatGPT와 같은 AI 도구는 강력하지만, 반드시 비즈니스적인 의사결정을 보완하는 데 사용해야 한다. AI가 생성한 콘텐츠와 제품 소싱 전략은 특정 틈새시장과 타깃으로 삼은 청중에 맞게 반드시 검토되고 수정되어야 한다. 또한 AI 도구에서 생성된 콘텐츠는 어딘가에 있는 정보를 인용하고 편집했을 가능성이 매우 높다. 언제나 이러한 콘텐츠들은 초안이라고 생각하고 여기에 브랜드의 경험과 생각이 포함되어야 한다.

5장

마케팅

글로벌 이커머스 시장에 진입하여 쇼피파이를 스토어 운영 플랫폼으로 선택하면 다양한 통합을 손쉽게 할 수 있고, 특히 마케팅을 도와주는 다양한 도구들을 쇼피파이 대시보드에서 한 번에 관리할 수 있다.

이제는 쇼피파이와 대표적인 소셜미디어 플랫폼인 메타와의 연동과 마케팅 방법에 대한 인사이트를 전반적으로 살펴보겠다. 또한 쇼피파이를 통한 마케팅 전략의 핵심인 구글 SEO와 관련해서도 우리가 놓친 부분이 있는지 확인하는 과정이 필요한 단계이다.

메타 픽셀 설정 방법과 타깃팅 옵션

　메타 광고 시스템의 다양한 기능은 효율 높은 광고 플랫폼을 위해서 반드시 필요하지만, 동시에 복잡하게 느껴질 수밖에 없다. 그 중 가장 혼란스러운 기능 중 하나는 '메타의 픽셀(Meta Pixels)'이라는 도구이다. '페이스북 픽셀'이 2022년 2월 '메타 픽셀'로 이름이 변경되었으며, 페이스북과 인스타그램 광고 모두에 사용할 수 있다.

　'픽셀'은 대부분의 광고 서비스에서 공통적으로 활용되는 개념이다. 이것은 오픈마켓이 아니라 쇼피파이 스토어와 같이 우리가 소유권을 온전히 가지고 있는 곳에서만 활용이 가능하다. 픽셀의 주요한 기능은 광고를 통해 유입된 방문자의 각종 행동 데이터를 추적하여 정밀한 데이터 분석이 가능하게 해주고, 향후 방문하고 이탈한 트래픽을 대상으로 광고를 게재할 수 있도록 한다.

메타 픽셀(Meta pixel)이란

메타 픽셀의 정의는 '방문자들이 웹사이트에서 취하는 행동을 모니터링 하여 페이스북 광고 캠페인의 효과를 측정하는 데 도움이 되는 분석 도구' 이다. 메타 픽셀은 다음과 같은 이벤트(고객이 스토어에서 했던 행동)를 추적하게 된다.

- 페이지 조회수
- 장바구니 추가
- 구매
- 스크롤 깊이
- 페이지 체류 시간
- 그 외 다양한 행동

메타 픽셀은 광고를 최적화하고 올바른 대상에게 광고가 표시되도록 도와준다. 또한 픽셀을 사용하여 페이스북 리타깃팅을 개선하고, 특정 페이지를 방문했거나 웹사이트에서 원하는 행동을 취한 사람들에게 리마케팅을 할 수 있다.

무엇보다 중요한 것은 메타 픽셀을 쇼피파이 스토어에 설치 또는 연동을 해야 메타에서 확보한 엄청나게 방대한 사용자 데이터 중 광고를 통해 구매를 많이 했던 사용자들을 대상으로 전환 광고를 집행할 수 있게 된다는 점이다. 반대로 이야기하자면, 우리가 소유권을 가지지 않은 아마존, 이베이, 네이버, 쿠팡과 같은 오픈마켓에는 메타 픽셀을 설치할 수 없기 때문에 메타를 통해 구매 빈도가 높은 타깃들에게 광고를 집행할 수 없다는 의

미가 된다. 그래서 메타 광고를 중점적으로 이커머스 비즈니스를 영위하는 셀러 및 사업자들이 쇼피파이 스토어를 운영하게 되는 것이다.

정리하자면, 메타 픽셀은 사람들이 광고를 본 후 무엇을 하는지 이해하여 광고의 영향을 더 잘 파악할 수 있게 도와준다. 이를 통해 제품을 구매하는 등 의미 있는 행동을 취할 가능성이 높은 사람들에게 도달할 수 있다.

메타 픽셀의 작동 원리

페이스북은 웹사이트 방문자를 리타깃팅하기 위한 '맞춤형 오디언스 픽셀'과 판매와 같은 웹사이트 전환을 추적하기 위한 '전환 픽셀'을 사용한다. 각 광고 계정에는 하나의 맞춤형 오디언스 픽셀이 있었지만, 추적하려는 각 웹 페이지마다 여러 전환 픽셀을 생성할 수 있다.

메타 픽셀은 혼란스러울 수 있지만 페이스북 광고를 훨씬 더 효과적으로 만든다. 광고 대상이 누구인지 정확히 알려줄 뿐만 아니라 페이스북 광고의 성과를 더 잘 이해할 수 있게 해준다. 이를 통해 메시징을 훨씬 더 효과적으로 만들 수 있으며, 광고 비용 대비 많은 수익을 얻을 수 있다. 메타 픽셀은 다음 여섯 단계로 작동한다.

- **[STEP 1] 픽셀 설치**: 추적 코드 조각(코드)을 웹사이트에 추가하는 것으로 시작한다.
- **[STEP 2] 인사이트 수집**: 사이트 방문자에 대한 인사이트를 받기 시작한다. 트래픽 출처, 사용 중인 장치, 기타 인구 통계 정보 등을 포함한다.
- **[STEP 3] 행동 검토**: 사람들이 웹사이트에서 어떻게 행동하는지 확인한다. 특정 제품 페이지를 탐색하거나 장바구니에 상품을 넣는지 등을 파악할 수 있다.
- **[STEP 4] 오디언스 구축**: 픽셀 이벤트에서 수집된 데이터를 사용하여 페이스북 맞춤형 오디언스, 유사 오디언스 및 특정 사람들에게 맞춤형 광고를 만든다.

- **[STEP 5] 입찰 최적화**: 최소 비용 입찰 전략을 활용하여 원하는 행동([예] 제품 구매)을 할 가능성이 높은 사람들에게 도달하여 예산을 효율적으로 사용한다.
- **[STEP 6] 이벤트 분석**: 전환 이벤트를 평가하여 비즈니스에 가장 적합한 페이스북 광고 전략을 결정한다.

메타 픽셀의 설정 방법

(1) 픽셀 만들기

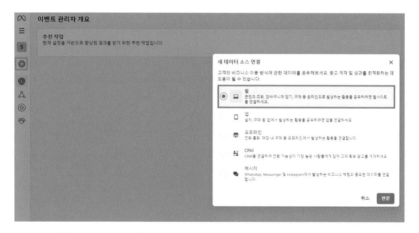

- 메타의 이벤트 관리자 페이지 접속 후 ⊕ 버튼을 클릭하고 새 데이터 소스 연결 > 웹

(2) 픽셀 이름 만들기

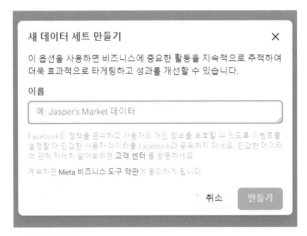

* 픽셀 이름 지정

(3) 쇼피파이 스토어 주소 입력하기

* 웹사이트 URL 입력

(4) 웹사이트 파트너 연동 확인하기

• 쇼피파이 주소를 입력하면 쇼피파이로 파트너 통합을 확인하라는 메시지가 표시된다.

(5) 쇼피파이 스토어에 페이스북&인스타그램 앱을 설치하여 판매 채널 확장하기

아직 쇼피파이 스토어에 페이스북&인스타그램을 판매 채널로 확장하지 않았다면 해당 앱을 설치하고 내 페이스북 계정을 통해서 연동을 먼저해야 한다.

그 이후에는 비즈니스 자산 탭에서 제품을 판매할 페이스북 비즈니스 샵에 연결해야 한다. 여기에서는 새로운 페이스북 페이지를 만들어 연결하는 것을 추천한다.

(6) 쇼피파이 이벤트 관리자에서 만들어 놓은 픽셀과 연결하기

∧ 데이터 공유

데이터 공유 기본 설정을 선택하세요. Shopify에서 가장 적합하고 효율적인 광고 기술을 통해
회원님의 설정을 최신 상태로 유지합니다. 더 알아보기 ⬀

최적화   변경
고객 활동 데이터가 Meta 픽셀, 고급 매칭 및 전환 API를 사용하여
공유됩니다. 고객은 자신의 Facebook 계정에서 Facebook 외부 활
동 ⬀ 설정을 변경하여 이 데이터를 연결 해제할 수 있습니다

픽셀을 연결하여 고객 행동 추적하기

Love Lipbalm meta pixel
ID: 468636079144551   연결

이커머스 마케팅 도구

이커머스 마케팅 도구란?

이커머스 마케팅 도구는 제품을 홍보하고, 고객을 유치하며, 참여시키고, 재구매를 유도하고, 마케팅 캠페인의 성공을 추적하는 데 도움이 되는 다양한 프로그램을 의미한다. 이러한 도구는 소셜 미디어 게시물을 예약하고, 이메일 커뮤니케이션을 맞춤화하며, 데이터 분석을 통해 고객의 선호도를 이해하고 분석할 수 있다.

이커머스 마케팅 도구의 유형

(1) 이메일 마케팅 및 SMS 메시지 도구

이메일 마케팅 및 SMS 마케팅 도구는 이커머스 비즈니스가 고객의 이메일과 모바일 장치로 개인화되고 타깃팅된 커뮤니케이션을 직접 보낼 수 있게 해준다. 이러한 도구는 일반적으로 마케팅 자동화, 세분화, 분석 기능을 제공하여 다양한 타깃 청중 집단에게 공감을 불러일으키는 이메일이나

SMS를 보낼 수 있도록 한다. 효과적으로 사용하면 온라인 스토어의 참여와 고객 유지율을 높여 더욱 성공적인 출시, 프로모션, 판매로 이어질 수 있다.

(2) 소셜 미디어 관리 도구

소셜 미디어 관리 도구는 단일 대시보드에서 여러 소셜 미디어 플랫폼에 걸쳐 콘텐츠를 큐레이션하고, 게시물을 예약하며, 고객과 상호작용할 수 있도록 도와준다. 이러한 도구는 분석 보고, 자동 게시, 고객 상호작용 추적을 포함하여 일관되고 활발한 소셜 미디어 홍보활동을 가능하게 한다. 이 것을 통해 이커머스 비즈니스는 소셜 미디어 마케팅 효과를 증대시키고, 고객 선호도에 대한 통찰력을 얻을 수 있으며, 인스타그램, 페이스북, 틱톡과 같은 플랫폼에서 브랜드를 잘 알릴 수 있다.

(3) 분석 도구

이커머스 분석 도구는 데이터를 수집하고 고객 행동 및 마케팅 캠페인의 성과에 대한 분석과 통찰력을 제공한다. 분석 도구는 일반적으로 실시간 데이터 추적, 고객 세분화, 전환 추적 및 행동 분석을 제공하여 온라인 비즈니스가 마케팅 전략을 미세 조정할 수 있도록 한다. 분석의 힘을 활용하면 비즈니스는 마케팅 캠페인을 최적화하고, 고객 타깃팅을 개선하며, ROI(투자 대비 수익)를 높이기 위한 '데이터 기반 결정'을 내릴 수 있다.

(4) 콘텐츠 및 SEO 도구

콘텐츠 및 SEO 도구는 이커머스 비즈니스가 온라인 콘텐츠를 최적화하여 검색 엔진 결과에서 더 높은 순위를 차지하도록 도와준다. 이러한 도구는 키워드 연구, 온페이지 SEO 분석, 링크 구축 및 성과 추적 기능을 제공하여 관련 검색 키워드를 타깃으로 삼고 트래픽을 유도할 수 있다.

(5) 고객 관계 관리(CRM) 도구

고객 관계 관리(CRM) 도구는 이커머스 비즈니스가 고객 데이터를 저장·관리 및 분석하여 더 의미 있는 관계를 구축하고 고객 충성도를 강화할 수 있도록 도와준다. 이러한 시스템은 일반적으로 연락처 관리, 상호작용 추적 및 리드 관리를 특징으로 하여 고객 여정의 360도 뷰를 제공한다. CRM을 활용하면 이커머스 비즈니스는 고객을 더 잘 이해하고, 공통 관심사나 쇼핑 습관에 따라 그룹화하여 개인적이고 친밀하게 느껴지는 맞춤형 이메일 알림을 보낼 수 있다.

(6) 전환율 최적화 도구

전환율 최적화(CRO) 플랫폼은 이커머스 웹사이트 방문자 중 원하는 행동(구매 또는 뉴스레터 가입 등)을 수행하는 비율을 높이기 위해 설계된 전문 이커머스 도구이다. 이러한 도구는 A/B 테스트, 히트 맵핑(웹사이트 상호작용의 시각적 표현), 사용자 피드백 수집 등의 기능을 제공하여 사용자 행동을 더 잘 이해하고 온라인 쇼핑 경험을 개선할 수 있도록 도와준다. CRO 도구를 활용하면 전환율이 높아지고, 고객 유지율이 향상되며, 매출이 증가할 수 있다.

필수 앱 소개 및 마케팅 전략

쇼피파이 스토어의 잠재력을 최대한 발휘하고 뛰어난 쇼핑 경험을 제공하려면 적절한 앱을 선택하여 사용하는 것이 필수적이다. 고객 참여를 강화하고 운영을 간소화하는 데 있어 이 앱들은 경쟁이 치열한 이커머스 환경에서 성공을 거두는 비결이다. 쇼피파이 앱스토어에는 수천 개의 앱이 있어 온라인 스토어의 기능을 확장하는 데 매우 많은 선택지가 있다. 선택할 것이 너무 많기 때문에 스토어에 추가할 수 있는 유료 또는 무료(완전히 무료이거나 유용한 무료 플랜을 제공하는) 앱을 추천하고자 한다. 특히 드롭쉬핑 스토어에서 중요한 마케팅 관련 앱들에 집중하도록 하겠다.

마케팅을 도와주는 유용한 앱 소개

(1) Klaviyo - 이메일 마케팅

Klaviyo는 이메일 마케팅을 위한 대표적인 쇼피파이 앱이다. 한국과는 달리 글로벌 시장에서 이메일 마케팅은 여전히 중요한 카테고리이며, 쇼피파이 앱스토어에서 이메일 마케팅을 검색하면 약 1,000개의 결과가 나올 정도이다. 이메일 마케팅을 처음 시작하고 쇼피파이에 적합한 옵션을 찾고 있다면 Klaviyo가 좋은 선택이다.

Klaviyo는 독립형 앱으로, 이커머스에 중점을 두고 있어 쇼피파이에 많은 유용한 기능을 제공한다. Klaviyo는 실시간 및 과거 데이터를 활용하여 고객 세그먼트를 위한 이메일 마케팅 캠페인을 커스터마이징할 수 있다. 쿠폰 코드를 생성하고 여러 전자상거래 전용 템플릿을 제공하며, 훌륭한 보고서 시스템을 갖추고 있다. 또한 이 앱은 커뮤니티를 가지고 있어 다른 경험 많은 Klaviyo 구독자들로부터 피드백을 요청하고 배울 수 있다.

(2) Shopify Email - 이메일 마케팅

이메일로 스토어를 홍보하고 싶다면 Shopify Email 또한 이메일 목록을 작성하고 캠페인을 관리하는 데 좋은 마케팅 앱이다. Shopify Email을 사용하면 쇼피파이 관리자 대시보드에서 몇 번의 클릭만으로 구독자에게 브랜드 이메일을 보낼 수 있다.

이 앱은 스토어에서 로고, 제품 이미지, 설명 등을 가져오는 다양한 미리 만들어진 템플릿을 제공한다. 또한 텍스트와 버튼을 몇 분 안에 커스터마이징할 수 있다. 연락처 목록을 쇼피파이로 간단히 가져올 수 있다. 캠페인을 생성하고 전송한 다음 열림 수, 클릭 수, 장바구니 추가, 구매 등 결과를 추적하여 고객 획득 및 유지 캠페인의 최적화가 가능하다. 매달 10,000개의 이메일을 무료로 보내고, 이후에는 1,000개의 이메일당 $1만 지불하면 된다.

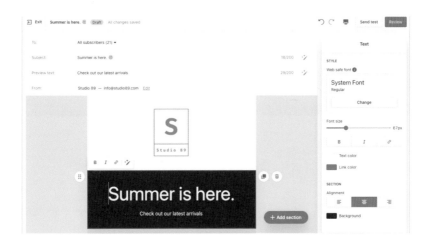

(3) LiveRecover - SMS 마케팅

스토어에 들어온 잠재 고객들은 자주 장바구니에서 구매를 포기하곤 한다. 그러나 이메일 외에는 개인적인 방식으로 그들의 마음을 붙잡을 수단이 부족하다. 이 앱은 장바구니/결제 과정을 포기한 모든 사람에게 자동으로 메시지를 보낸다. 쇼핑객이 응답하면 LiveRecover는 실제 상담원을 배정하여 문제를 해결하고 할인 코드를 제공하며, 개인화된 제품 추천을 보내어 문제를 해결한다. 이 앱은 Shopify 및 Shopify Plus 스토어의 장바구니 포기 방지 앱이다. 가격은 월 $49 + 앱에서 생성된 수익의 5~10%이다.

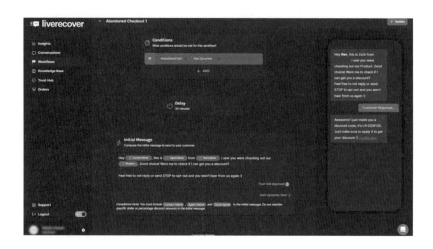

(4) Loox - 사용자 생성 콘텐츠(UGC) 마케팅

고객들이 제품과 함께 찍은 사진을 게시하고 있다면 스토어 운영을 제대로 하고 있다는 신호이다. 48%의 쇼핑객들은 UGC가 제품을 발견하는 데 훌륭한 방법이라고 말하며, 다른 미디어보다 35% 더 기억에 남고, 방문 시간을 90% 증가시킨 것으로 나타났다. 즉 고객들이 제품을 사용하는 멋진 사진을 게시하기만 해도 사이트에서 고객들이 소비하는 금액을 거의 두 배로 늘릴 수 있다는 의미이다.

Loox는 가장 인기 있는 UGC(사용자 생성 콘텐츠) 앱 중 하나이다. 간단하고 사용하기 쉬우며 많은 자동화 기능을 제공한다. Loox를 사용하면 모든 사용자 생성 콘텐츠와 제품 리뷰를 사이트의 한 갤러리 페이지에 표시할 수 있다. Loox 사이드바를 사용하여 페이스북 페이지에 표시하거나 이메일 캠페인에 포함할 수도 있다. Loox는 수많은 상을 수상했으며 2021년 쇼피파이 앱 스토어에서 가장 많이 다운로드된 앱 중 하나이다. 가격은 월 $9.99부터 시작한다.

(5) Okendo - 사용자 생성 콘텐츠(UGC) 마케팅

Okendo는 또 다른 좋은 앱이다. Loox와 많은 동일한 기능을 제공하며, 사용자 생성 콘텐츠(UGC) 리뷰를 Google 검색, Google 쇼핑, 페이스북 및 인스타그램(게시물 및 유료 광고 모두)에 표시할 수 있다. 또한 고객에게 리뷰 작성을 장려하기 위한 할인 혜택을 제공할 수 있다. 가격은 월 $29부터 시작하며 14일 무료 체험을 제공한다.

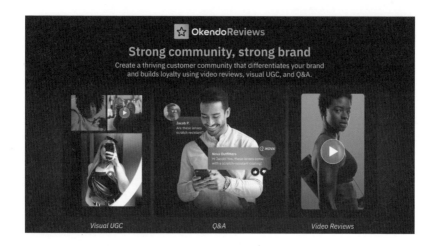

(6) Judge.me - 리뷰 및 사회적 증거 마케팅

UGC(사용자 생성 콘텐츠) 다음으로, 제품 리뷰는 사이트에 표시할 수 있는 가장 강력한 요소이다. 연구에 따르면 사이트 내 리뷰는 전환율을 74%까지 증가시킨다. 왜냐하면 리뷰는 다른 사람들이 제품을 구매하고 만족했다는 사회적 증거를 제공하기 때문이다.

Loox는 UGC와 고객 리뷰를 결합하지만, 리뷰 전용 도구를 찾고 있다면 Judge.me가 최적이다. 이 도구는 전체 리뷰 프로그램을 자동으로 운영하며 가장 좋은 점은 쇼핑객이 이메일 내에서 직접 리뷰를 남길 수 있다는 것이다.

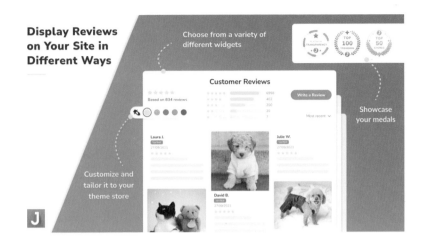

(7) ReConvert - Upsell(업셀) 마케팅

이커머스 브랜드가 중요하게 생각해야 할 부분은 고객 획득 비용(CAC)이다. 고객 획득 비용을 줄이려면 판매 후 고객과의 상호작용을 개선하고 업셀링을 잘해야 한다. 이를 위해서는 이메일, 결제 페이지, 주문 확인 이메일에 고객이 구매한 상품과 유사한 제품 또는 함께 사용하면 좋을 제품을 추천하거나 쿠폰을 제공하여 충성 고객이 다시 구매하도록 유도해야 한다.

이 앱은 업셀링 머신이다. 주문 추적 위젯, 소셜 공유 위젯, 쿠폰 코드, 재주문 버튼, 설문조사, 결제 페이지 최적화 등 모든 업셀 기능을 갖추고 있다. ReConvert의 주요 기능은 함께 자주 구매하는 보완 제품을 표시하는 것이지만, 주문 추적 및 고객 설문조사와 같은 더 나은 고객 경험을 제공하는 다양한 기능도 포함하고 있다.

(8) Smile.io - 충성도 및 고객 보상(Loyalty, rewards & referral) 마케팅

연구에 따르면 82%의 미국인들이 무언가를 구매할 때 친구와 가족의 추천을 신뢰하고, 88%의 미국인들이 친구에게 제품을 추천하는 대가로 보상을 받기를 원한다고 한다.

온라인 추천 프로그램의 시작은 PayPal에서 시작되었다. PayPal은 고객이 친구를 추천하면 금전적인 보상을 제공하여 1년 만에 100만 명 이상의 사용자를 확보할 수 있었다. 추천은 다른 마케팅 채널보다 고객을 획득하는 비용이 적게 드는 경우가 많다.

이 앱을 사용하면 몇 분 만에 보상 또는 로열티 프로그램을 만들 수 있으며, 사이트에 매우 인터랙티브한 위젯을 표시할 수 있다. 사회적 증거를 만들고 이메일에 표시하며 고객을 위한 VIP 프로그램을 만들 수 있다. 설정이 매우 쉽고 시각적으로도 굉장히 멋지다.

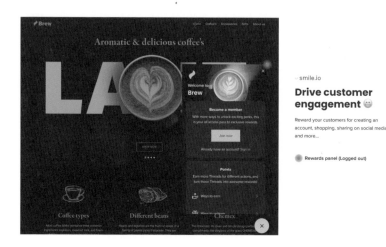

(9) WhatsApp Chat + Abandoned Cart - 고객 지원&서비스

고객 서비스는 모든 비즈니스에서 매우 중요한 측면이다. 비즈니스의 중심에 고객을 두면 충성도 높은 고객층, 성장하는 추천 기반, 많은 긍정적인 리뷰를 얻을 수 있다. 고객과 밀접하게 소통하는 방법 중 하나는 WhatsApp을 사용하는 것이다. WhatsApp은 비즈니스를 위한 많은 기능을 제공한다. 무제한 전화번호를 설정하고 고객에게 수동으로 메시지를 보내며 사이트에 WhatsApp 위젯을 설치할 수 있다. 이는 무료 플랜에서 제공되는 기능들이다. 유료 플랜에서는 장바구니 포기 흐름과 주문 확인 및 추적 메시지를 자동화하여 이 전체 채널을 자동으로 운영할 수 있다.

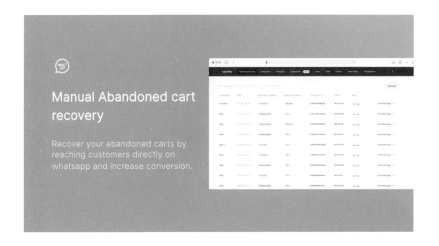

(10) Tidio - 고객 지원&서비스

Tidio는 라이브 채팅, 챗봇, 인스타그램 및 Messenger를 통해 고객을 지원할 수 있게 해준다. 스마트 챗봇을 통해 일반적인 지원 티켓을 자동으로 처리하며, 더 많은 개인적인 도움이 필요한 경우는 라이브 채팅으로 필터링한다. 채팅 위젯을 커스터마이징할 수 있는 다양한 옵션을 제공하며 코딩 기술이 필요하지 않다.

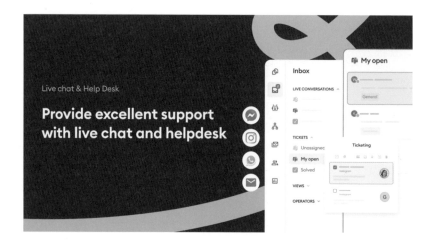

(11) UpPromote - 제휴 마케팅

글로벌 시장에서 제휴 방식을 활용한 마케팅 및 판매는 유료 광고와는 별개로 엄청난 수익을 창출할 수 있으며, 일부 비즈니스에서는 판매의 최대 50%가 제휴 파트너를 통해서 발생한다고 보고되고 있다. 이는 인플루언서와 같은 제휴 파트너가 커미션을 대가로 제품을 홍보하기 때문이다. 고객들은 자신이 알고 팔로우하는 사람이나 브랜드를 더 신뢰하는 경향이 있기 때문에 이것은 사회적 증거를 활용하는 또 다른 방법이다.

UpPromote 앱은 제휴 프로그램을 설정하고 관리하며 기본 커미션을 커스터마이징한다. 고객을 제휴사로 전환하며 제휴 링크, 쿠폰, SKU 또는 이메일을 사용하여 성과를 자동으로 추적할 수 있게 도와준다.

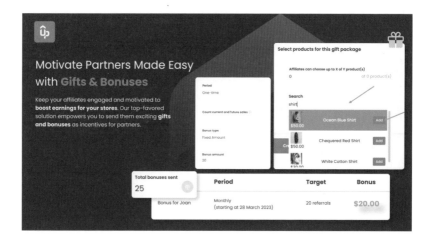

(12) GOAFFPRO - 제휴 마케팅

제휴마케팅(Affiliate Marketing)은 몇 분 만에 자체 제휴 마케팅 프로그램을 시작할 수 있는 사용하기 쉬운 앱이다. 무제한 제휴사, 판매 및 트래픽을 통해 판매를 부스팅할 수 있다. 이 앱은 제휴사가 추천 링크를 받고 통계를 추적할 수 있는 브랜드 포털을 제공한다. 또한 자동 추천 추적 및 주문 귀속, 푸시 알림이 포함된 Android 및 iPhone 모바일 앱을 제공하여 제휴사 참여를 유지할 수 있다. 제휴사 티어 단계별 맞춤형 보상 계획을 통해 매우 효과적인 제휴 마케팅 전략을 수립할 수 있다.

Set commissions on products

:: Dashboard	
:: Mobile App	Referral commissions Royalties commissions Commission modifiers
Setup	**Default Commission** ⬚ **10%**
☂ Look and Feel	Applies to all products and affiliates Change
% Commissions	
:: Groups	**Affiliate Commissions** ⬚ Set commission for an affiliate
♥ Coupons	Affiliates with different commission than default
∞ Connections	
⊡ Targets	**Product Commissions** ⬚ New Product Commission
⊙ Compensation Plans	Set different commissions for different products and/or affiliates
∷ Automations [beta]	eg. 4% commission on Black T-Shirt if Affiliate A gets you the customer
Manage	eg. 8% commission to Affiliate B on Any Product
:: Affiliates	Filter by product/affiliate
♥ Sales	**Product** **Affiliate** **Commission** **Actions**
⊙ Payouts	
⊟ Creatives	🗔
⊵ Affiliate Files	

드롭쉬핑은 이커머스 비즈니스를 본격화하기 이전에 최소의 자본으로 시장에서 '나의 생각' 혹은 '나의 아이디어'가, 또 '나의 브랜딩'이 시장의 고객에게 알맞게 타깃팅되었는지를 실험할 수 있는 길이라는 것이 필자진의 생각이다.

앞서 설명한 것과 같이 ❶ 온라인에서 검색되는 한, 가장 저렴한 제품을 소싱하고 ❷ 이를 나의 브랜드몰과 연동하여 자동화를 도모하며 ❸ 운·배송 또한 자동화로 완성시키고 ❹ 시장이 반응하는 아이디어로 마케팅하여 운영될 수 있는, 이커머스의 최적 프로그램이라고 과감하게 말하겠다.

물론 나의 상품이 있는 경우는 드롭쉬핑 모델이 아니라 일반 이커머스 구조로 넘어가면 된다. 하지만 필자진이 추천하는 방향은, 그럼에도 불구하고 나의 상품 판매를 본격화하기 이전에 유사상품과 카테고리로 반드시 드롭쉬핑 구조로 시장의 반응을 확인하라는 것에 취지가 있다. 더 자세한 내용은 책 마무리 파트에서 정리하겠다.

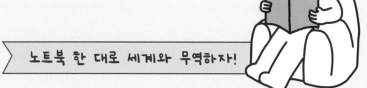

마치며

필자진이 본 책을 집필하게 된 동기는 너무나 명확하다. 시중에 돌아다니는 해외 셀링, 글로벌 이커머스, 쇼피파이, 아마존에 대한 이야기, 그리고 국내 이커머스에 대한 잘못된 상식을 바로잡기 위함이다. 게다가 요령을 부려서 요술 같이 일시적 매출을 끌어내는 방법을 무슨 대단한 이커머스 노하우인 마냥 안내하는 것이 못마땅했기 때문이다. 사실 우리가 이커머스를 하는 이유는 '돈을 벌기 위함'이다. 헌데 돈을 버는 방법이 아닌, 많은 광고비용을 지출하여 단순 매출만 끌어올리다가 결국 빚더미에 앉게 되는 경우를 너무나 많이 봐왔다. 필자진에게 도움을 받기 위해 찾아오는 수많은 셀러, 브랜드사들의 현실을 들여다보면 이러한 경우가 이미 지금도 많지만, 앞으로도 여전히 많을 것이다. 그래서 당신이 상품, 서비스 그 무엇을 온라인에 홍보하든 판매하든 간에, 꼭 알아야 하는 'GROUND RULE'은 다음과 같다.

크고 치열한 경쟁 시장에 뛰어 드는 것을 겁내지 말라.

블루오션을 찾는 행위는 그만해야 한다. 필자진이 컨설팅했던 기업 중에 국내에서 사회적 기업으로서 장애인 및 환자용 전동칫솔을 판매하는 회사가 있었다. 스스로 양치할 수 없는 환자들을 대신하여 보조자가 양치를 시켜주어야 하는데, 이때 발생하는 치약거품을 환자가 삼켜서 건강상 문제가 발생하게 된다. 이 회사가 개발한 제품들의 큰 장점 중 하나는 그러한 거품을 삼키지 않도록 칫솔 자체에 흡입(suction) 기능을 넣어 거품을 빨아들여 안전하게 양치할 수 있게 한 것이었다. 물론 사장님도 스스로 대단하게 생각했으며, 필자진이 봐도 기가 막힌 아이템이라 생각했다. 하지만 온라인에서는 '일반적인', '사람들이 자주 검색하는' 키워드와 나의 상품을 매칭시켜야 하는데, 이 제품은 알맞은 키워드가 딱히 없다는 것이 문제였다. 반대로 이야기하면, 사람들이 일반적으로 검색하는 키워드에 제품을 노출시키기가 너무 어렵다는 것이었다.

그렇기에 큰 시장, 레드오션에 들어가서 조금씩 상품의 리뷰를 쌓고, 타사와 명확히 차별화 되어 있는 브랜딩을 통해 소비자들에게 어필하다 보면 그 큰 시장에서 타 브랜드들의 점유율을 조금씩 뺏어올 수 있고, 곧 '돈'으로 직결되는 결과를 만들 수 있다. 앞서 서술한 시장조사 방법론을 수도 없이 연습해볼 것을 추천한다.

고객과 소통할 수 있는 브랜드 스토어를 최대한 많이 만들어 보라.

이것은 피해갈 수 없다. 필자진도 처음에 스토어를 만들 때 밤을 새서 3일 간 붙들고 만들기도 했다. "왜 이렇게 오래 걸리지…", "왜 이렇게 만들기 어렵지…"라고 생각했던 적도 있지만, 지금은 하루에 10개씩 만들어내는 것도 어렵지 않다.

소비자들에게 친숙한 레이아웃, 친숙한 이미지 톤을 가지고 접근하는 것이 가장 이상적이다. 시장에서 유명한 브랜드와 비슷한 톤앤매너를 가지고 스토어를 만들면 사람들은 "어, 어디서 본 것 같은데"라며 익숙하게 받아들이고 오히려 안도하며 조금은 더 스토어에 머무는 것이 특징이다. 나만의 창작이 아닌, 여러분이 판매하려는 상품의 카테고리에서 경쟁사들이 가지고 있는 스타일을 최대한 많이 모방해보는 전략이 필요하다. 예를 들어 여러분이 제작한 쇼피파이 스토어 1개를 통해 발생하는 수익이 월 50만 원이라고 가정해보자. 이러한 스토어를 한 달 안에 10개만 만들 수 있다면 수익을 500만 원에 달하게 할 수 있다는 이야기이다.

브랜딩이 전부다.

한때 거칠 것이 없어 보였던 알리바바가 2024년 기준으로 수만 여명을 구조 조정했는데도 딱히 돌파구를 찾지 못하고 있다는 뉴스를 접했다. 소비자들은 여전히 저렴한 것을 선호하는 성향을 지니고 있지만, Gen-Z세대가 점차 주류 소비자로 유입되면서 브랜드화가 되어 있거나 브랜드 스토리가 있는 제품을 더 선호한다는 것은 많은 사람들이 이해하고 있는 상황이다. 유통으로 저렴한 상품을 오픈마켓에 비교적 저렴하게 구성하는 전략을 쓴다면, 또 금방 경쟁제품이 더 저렴하게 치고 들어올 확률이 높다. 이런 출혈 경쟁은 계속해서 심해질 것이다. 당신의 브랜드 상품은 그 브랜드의 합당한 가치를 느낄 수 있게 브랜드 스토리를 끊임없이 고객에게 SNS 등으로 직접 소통해주어야 오래도록 기억되는 브랜드로 시장에서 자리매김 할 수 있을 것이다.

마케팅의 방법에 대해 끊임없이 연구하고 익혀야 한다.

지구상에 현존하는 디지털 마케팅 방법은 다음과 같다.

- **SEO:** 검색엔진에 노출될 수 있도록 콘텐츠를 블로그 등의 형태로 배포 혹은 PR자료 배포 등이다.
- **SNS 마케팅:** (이제 카드뉴스 형태의 포스터지도 안 먹히는 시대이므로) 직접 혹은 AI의 도움을 얻어 영상 형태로 제작하여 이를 SNS 등에 끊임없이 뿌려줘야 한다.
- **제휴 마케팅:** 인플루언서 혹은 연관성 있는 사람들의 채널에도 끊임없이 좋다고 인정 받을 수 있도록 구성해야 한다.
- **PPC(pay per click) 마케팅:** 유료 광고로, 키워드 광고 혹은 배너 광고 등을 통해 사람들에게 인식을 시키는 전략이다(물론 초반엔 잘 클릭하지도 않지만, 끊임없이 노출될 수 있도록 해야 한다).

위의 방법으로 시장에서 내가 생각한 상품, 그리고 내 마케팅 전략이 먹힐 것인지를 확인하는 방법이 '드롭쉬핑' 전략이다. 그리고 이것을 가장 쉽게 만들 수 있는 방법은 본문 2부와 3부에 나와 있는 '쇼피파이'라는 도구를 활용하는 것이다.

여기까지 설명하고 소개한 여러 가지 내용들이 글로벌 이커머스 비즈니스 전체의 내용에 비하면 빙산의 일각일 수 있다. 그렇지만 어떻게 시작할지, 운영할지에 대한 방향을 잡고 첫 발을 내딛기에는 충분하고도 넘치는 내용이다. 그럼에도 불구하고 글로벌 이커머스와 쇼피파이의 초심자 입장에서는 여전히 낯설고 시도하기에 꺼려질 수 있다. 하지만 다시 한 번 강조하고 싶다. 쇼피파이를 통한 드롭쉬핑 모델은 초심자가 실행하기에도 절대로 어렵지 않다. 거창하게 생각할 필요도 없다. 앞서 설명한 내용들을 차분히 하나씩 따라서 실천에 옮겨본다면 당신도 어느덧 글로벌 이커머스를 시작하고 운영하고 있게 되는 것이다.

정리하자면, 본 책을 통해 필자진이 당신에게 전달하고자 하는 핵심 포인트는 단 하나다. 2024년 현재, 국내에서 각종 플랫폼과 자사몰 등을 통해 왕성하게 활동 중인 수많은 이커머스 셀러 및 브랜드들이 각자의 이유로 글로벌 진출을 시도하지 않고 있는 이때에, 당신이 한 발짝이라도 먼저 시작하여 경험을 쌓아보라는 것이다. 이렇게 차곡차곡 쌓은 경험을 통해 이미 앞선 필자진의 수강생들이 그랬던 것처럼, 당신 역시 아래의 목표들을 이뤄낼 수 있을 것이다.

- 취업 시장에서 독보적으로 차별화된 인재라는 것을 어필할 수 있음 → 학벌, 학점, 스펙을 뛰어넘어 외국계 기업, 대기업 등에 취업 가능
- 해외 소비자 및 시장에 대한 이해도가 높은 인재라는 것을 어필할 수 있음 → 글로벌 진출을 원하고 있는 수많은 국내의 이커머스 중심 브랜드 및 기업의 다양한 부서([예] MD, 기획, 영업, 마케팅 등)에 취업 가능
- 이커머스 전반에 대한 이해도가 높아지고 현지 시장에 맞는 상품 기획, 발굴, 가격전략 등의 경험을 바탕으로 부서 변경, 승진 등 자기계발 가능

- 쇼피파이를 활용한 글로벌 이커머스를 통해 비즈니스 운영 가능
- 직장을 유지한 상태로 부업을 통해 추가적인 수익 확보 가능

이 외에도 당신이 얻을 수 있는 미래는 정말 다양하게 펼쳐질 것이라 확신한다. 필자진이 수없이 테스트하고, 그간 수많은 수강생에게도 미래를 열어 신세계로 들어갈 수 있도록 한 이 쇼피파이 도구를 당신도 끊임없이 연구해서 결국은 '직장은 부업, 이커머스는 본업'이 될 수 있는 모델을 만들 수 있기를 기대한다. 자, 이제 노트북을 열고, 책에 나온 방법대로 테스트 할 시간이다!

저자 약력

김민혁

· 숭실대 글로벌통상학과 임용(2022년)

· 2020년 이후 전국 지자체 및 KOTRA, 무역협회 등서 멘토로 활동, 약 300여 회 이상 출강

· 해외 직구 및 역직구로 매출 30만원에서 200억까지[직접 해외지사 설립(미, 유럽, 중국, 홍콩 등)을 통하여 3PL, 포워딩, law, tax, accounting 노하우 보유]

· MCN(인플루언서 마케팅) 운영 기반으로 유튜브 전문가 타이틀

· 삼정 KPMG 비즈니스 컨설턴트 출신

김이삭

· 숭실대 글로벌통상학과 임용(2023년)

· 중소벤처기업부, 소상공인연합회, 무역협회 등에서 국내외 이커머스, 브랜딩, 마케팅 강의 및 메인 멘토로 활동

· 다양한 비즈니스 파트너쉽을 통해 온·오프라인 수입/수출/유통으로 6개국 이상에서 연 350억까지

· 광고업계에서 출발, 브랜딩·마케팅 관련 10년 이상 실무경험의 전문가 타이틀

· 신생·중소기업 맞춤형 컨설팅을 통해 연 매출 평균 150% 이상 성장에 기여

신현진

· MCN 전문기업 운영(애즈메이트): 브랜드사와 인플루언서 매칭을 통해 브랜드 육성 전문

· 국내외 유명 브랜드 총판, 마케팅 전담

· 자체 유튜브 채널 운영 및 소속 유튜버 육성 전문 운영(협력 크리에이터 약 30인)

· 구글 및 유튜브 전문 강사(무역협회, 경기도 수출기업협회 등 관공서 위주)

· 국내 오픈마켓 알고리즘 전문: 1조 이상의 대기업 등에서만 강의 진행

김명준

· 쇼피파이 브랜드스토어 제작 및 데이터 분석, 퍼포먼스 마케팅 엑스퍼트

· 유튜브 채널에서 '캡스톤'으로 활동 중인 쇼피파이 전문가로서 정보성 콘텐츠 제공

· 무역협회, 중기청 등의 관공서 강의 및 메인 멘토(글로벌 브랜딩/디지털 데이터 마케팅/데이터 활용 B2B 바이어 발굴 전문)

· 수출입 및 역직구 기반 해외 비즈니스 3년차

· 매출 1,000억 이상의 기업 중심 글로벌 디지털 수출전략 컨설팅 및 총판

참고자료

- 쇼피파이
- 아마존
- 알리익스프레스
- 픽사베이
- United By Blue
- Pexels
- namechk
- Canva
- ChatGPT

쇼피파이, 이커머스 성공 치트키

초판1쇄발행 2025년 1월 10일
초판2쇄발행 2025년 3월 5일

지은이   김민혁·김이삭·신현진·김명준
펴낸이   안종만·안상준

편 집   김민경
기획/마케팅   차익주·양운철
표지디자인   권아린
제 작   고철민·김원표
펴낸곳   (주) **박영사**
       서울특별시 금천구 가산디지털2로 53, 210호(가산동, 한라시그마밸리)
       등록 1959. 3. 11. 제300-1959-1호(倫)

전 화   02)733-6771
f a x   02)736-4818
e-mail   pys@pybook.co.kr
homepage www.pybook.co.kr
ISBN   979-11-303-2145-5 13320

정 가   23,000원